Autor An
s

LA NUBE DEL NO SABER

(MISTISCISMO INGLÉS)

CONTENIDOS

Introducción breve

Este libro es de un escritor anónimo inglés de gran fuerza y de notable talento literario, que compuso cuatro tratados originales y tres traducciones. Son una guía espiritual en la oración contemplativa de la Baja Edad Media. El mensaje subyacente del presente trabajo sugiere que la manera de conocer a Dios es abandonar la consideración de determinadas actividades y atributos de Dios, y ser lo suficientemente valiente como para entregar la mente y el ego a la esfera de "lo desconocido", y en ese momento, uno puede empezar a vislumbrar la naturaleza de Dios.

Sus dos obras principales son, *La Nube del No Saber* y *El Libro de la Orientación Particular*. La primera ampliamente leída en el siglo XIV cuando fue escrita, nunca ha perdido su sitio de honor entre los clásicos espirituales de lengua inglesa.

Este tratado, guía al lector en la senda de la contemplación. Hay muchos libros que enseñan la meditación de tipo discursivo, pero no abundan los que enseñan la oración contemplativa que va más allá de la idea y de la imagen, adentrándose hasta la nube supraconceptual del no-saber. Y esto es precisamente lo que el autor inglés nos enseña. En su rechazo de la conceptualización es tan radical como cualquier Zen-Budista. Todo concepto, todo pensamiento y toda imagen han de ser sepultados bajo una nube de olvido. Mientras tanto, nuestro amor desnudo-desnudo por estar despojado de pensamiento ha de elevarse hacia Dios, oculto en la Nube del No-Saber. Con La Nube del No Saber por encima de mi, entre mi Dios y yo, y la nube del olvido debajo, entre todas las criaturas y yo, me encuentro en el *silentium miysticum*, que el autor inglés conoce por la obra de Dionisio.

La meditación que va más allá del pensamiento es popular en el mundo moderno. Por eso mismo éste libro tiene una especial relevancia hoy día. Por lo que se refiere a ir más allá del pensamiento, este autor inglés tiene una metodología concreta. Después de hablar de meditaciones buenas y piadosas sobre la vida y muerte de Cristo, introduce al discípulo a un camino que no dejará de ser atractivo también para el lector moderno, es decir, el mantra o palabra sagrada:

Si quieres centrar todo tu deseo en una simple palabra que tu mente pueda retener fácilmente, elige una palabra breve mejor que una larga. Palabras tan sencillas como "Dios" o "Amor" resultan muy adecuadas. Pero has de elegir una que tenga significado para ti. Fíjala luego en tu mente, de manera que permanezca allí suceda lo que suceda. Esta palabra será tu defensa tanto en la guerra como en la paz. Sírvete de ella para golpear la nube de la oscuridad que está sobre tí y para dominar todas las distracciones, fijándolas en la nube del olvido, que tienes debajo de tí. Si algún pensamiento te siguiera molestando queriendo saber lo que tú haces, respóndele con esta única palabra. Si tu mente comienza a intelectualizar el sentido y las connotaciones de esta "palabrita", acuérdate de que su valor estriba en su simplicidad. Haz esto y te aseguro que tales pensamientos desaparecerán. ¿Por qué? Porque te has negado a desarrollarlos discutiendo con ellos.

Otro punto crucial en éste libro, lo mismo que en las obras de todos los místicos cristianos, se refiere al lugar de Cristo. En pocas palabras la teología cristiana, siguiendo al Nuevo Testamento, sitúa a Cristo en el centro mismo de la oración. Ahora bien, el cristiano, siguiendo a San Pablo, no se dirige en su oración a una figura histórica, sino al Cristo resucitado y actualmente vivo que lleva en sí toda la experiencia de su existencia histórica pero transformada, como el mismo indicó al mostrar sus heridas a sus discípulos.

En esta cristología, no obstante, algunos lectores pueden quedar desorientados por el uso que el autor hace de la Biblia para ilustrar y probar su punto de vista. Sin embargo, esta postura es típica de los místicos desde Orígenes hasta san Juan de la Cruz. El crecimiento en la comprensión de la escritura viene de los místicos que, por así decirlo, viven las Escrituras desde dentro. Cierto que, como dice san Pablo, nadie puede entender el espíritu del hombre si no es su propio espíritu y lo mismo sucede con el espíritu de las escrituras cuando se entienden a la luz de su espíritu.

Pertenece éste autor a un siglo famoso en los anales de la espiritualidad por los nombres de Richard Rolle, Juliana de Norwich y Walter Hilton en Inglaterra; por el maestro Eckhart, Juan Taulero y Enrique Suso en Alemania; por Jan van Ruysbroeck en Flandes; por Jacopone da Todi y Catalina de Siena en Italia. Es una época vinculada a los nombres de Angela de Foligno y Tomás de Kempis, una edad, en fin, en que, a pesar de las convulsiones y de los inminentes presagios de tormenta, Europa era profundamente religiosa. La fe penetraba hasta el fondo de los corazones del pueblo e influía no sólo su arte, su música y literatura, sino todos los aspectos de su vida.

Fue, pues, un medieval perfecto, anclado en el espíritu de su tiempo e incluso de su tradición. Tantas palabras, frases e ideas suyas se encuentran también en *La Imitación de Cristo, De Adhaerendo Deo*, en los escritos de los místicos de las orillas del Rin y en otros tratados devocionales de la época que uno lo ve inmediatamente como parte de la gran corriente de la espiritualidad medieval. Estaba también al tanto de lo que se decía y pensaba en la cristiandad, pues no existía ningún *espléndido aislamiento* en aquel tiempo. Los monjes ingleses y los sabios frecuentaban los grandes centros del saber diseminados por Europa.

Ivory Falls Books

Oración

Oh Dios, a quien todos los corazones están abiertos, para quien todo deseo es elocuente y ante quien nada secreto está oculto; purifica los pensamientos de mi corazón, y derrama tu Espíritu, para que yo pueda amarte con amor perfecto y alabarte como tú mereces. Amén.

Prólogo

En el nombre del Padre y del Hijo y del Espíritu Santo. Cualquiera que seas el que tiene en sus manos este libro, has de saber que te impongo una seria responsabilidad y las más severas sanciones que puedan soportar los lazos del amor. No importa que este libro sea tuyo, que lo estés guardando para otro, o que lo tengas prestado. No lo habrás de leer, ni escribir o hablar de él, ni permitir que otro lo haga, a menos que creas realmente que es una persona que, por encima y más allá de las buenas obras, se ha resuelto a seguir a Cristo (en la medida de lo humanamente posible con la gracia de Dios) hasta las más íntimas profundidades de la contemplación. Haz lo que puedas para averiguar primero si es de los que han sido fieles durante algún tiempo a las exigencias de la vida activa, pues, de lo contrario, no estará preparado para ahondar en los contenidos de este libro. Te encargo, además, con la autoridad del amor, que si das este libro a otro, le adviertas, como yo te advierto a tí, que se tome el tiempo necesario para leerlo del principio al fin. Pues es posible que ciertos capítulos no tengan consistencia por sí mismos y exijan la explicación dada en otros para completar su significado. Temo que alguien lea solamente algunas partes y caiga rápidamente en error. Para evitar semejante desatino te pido a tí y a cualquier otro que lea este libro que, por amor, hagas lo que te digo. Por lo que respecta a chismosos, aduladores, escrupulosos, alcahuetes, entrometidos e hipercríticos, les ruego que aparten sus ojos de este libro lo más rápidamente posible. Nunca tuve intención de escribir para ellos y prefiero que no se entrometan en este asunto. Esto vale también para los curiosos, sean o no personas cultas. Pueden ser buenas personas según los principios de la vida activa, pero este libro no se adapta a sus necesidades. Hay sin embargo, algunos realmente comprometidos en la vida activa a quienes la gracia va preparando para captar el mensaje de este libro. Pienso en todos aquellos que sienten la acción misteriosa del Espíritu en lo más íntimo de su ser, moviéndolos al amor. No digo que en todo momento sientas tú este impulso, como lo sienten los contemplativos ya avezados, pero de vez en cuando gustan algo de ese amor contemplativo en el centro mismo de su ser. Si tales personas llegaran a leer este libro, pienso que les serviría de gran estímulo y aliento. He dividido esta obra en setenta y cinco capítulos. El último trata más específicamente de los signos que indican si la persona en cuestión está llamada o no a la oración contemplativa.

Introducción

Te pido, mi querido amigo en Dios, que estés alerta y atento al camino por el que avanzas en tu vocación. Y agradece a Dios esta llamada, pues con la ayuda de su gracia podrás mantenerte firme frente a los sutiles asaltos de los enemigos que te acosan desde dentro y desde fuera, a fin de que puedas ganar el premio de la vida eterna. Amén.

CAPÍTULO I. De los cuatro grados de la vida cristiana; del desarrollo de la vocación de aquel para quien he escrito este libro

Mi querido amigo: quisiera comunicarte cuanto he observado sobre la vida cristiana. En general, esta parece avanzar a través de cuatro etapas de crecimiento que yo llamo **la común, la especial, la singular y la perfecta.** Las tres primeras pueden iniciarse y mantenerse en esta vida mortal, pero la cuarta, aunque iniciada aquí, continuará sin fin hasta la alegría de la eternidad. ¿Te das cuenta de que he colocado estas etapas dentro de un orden concreto? Lo he hecho porque creo que nuestro Señor en su gran misericordia te está llamando a avanzar siguiendo sus pasos. Descubro la llamada que te hace en el deseo hacia él, que arde en tu corazón.

Tú sabes que durante un tiempo vivías la forma común de la vida cristiana en una existencia mundana y rutinaria con tus amigos. Pero creo que el amor eterno de Dios, que te creó de la nada y te redimió de la maldición de Adán por medio del sacrificio de su sangre, no podía consentir que vivieras una vida tan común alejada de Él.

De este modo, con delicadeza exquisita, despertó el deseo dentro de tí y, atándolo rápidamente con la rienda del ansia amorosa, te atrajo más cerca de el, con esa manera de vivir que he llamado especial. Te llamó a ser su amigo y, en compañía de sus amigos, aprendiste a vivir la vida interior con más perfección de lo que era posible en la vida común u ordinaria.

¿Hay algo más? Sí, pues creo que, desde el principio, el amor de Dios por ti fue tan grande que su corazón no pudo quedar ni tan siquiera satisfecho con esto. ¿Qué hizo? ¿No ves con qué amabilidad y suavidad te ha traído a la tercera vía, la vida singular? Sí, ahora vives en el centro más profundo y solitario de tu ser aprendiendo a dirigir tu ardiente deseo hacia la forma más alta y definitiva de amor que he llamado perfecta.

CAPÍTULO II. Breve exhortación a la humildad y a la actividad contemplativa

Anímate, pues, y frágil mortal como eres, trata de entenderte a tí mismo. ¿Piensas que eres alguien especial o que has merecido el favor del Señor? ¿Cómo puede ser tu corazón tan pesado y tan falto de espíritu que no se levante continuamente por la atracción del amor del Señor y el sonido de su voz? Tu enemigo te sugerirá que descanses en tus laureles. Pero estate alerta frente a su perfidia. No te engañes pensando que eres mejor y más santo porque fuiste llamado o porque has avanzado en la vía singular de la vida. Por el contrario, serás un desgraciado, culpable y digno de lástima, a menos que con la ayuda de Dios y de su dirección hagas todo lo que está en tu mano para vivir tu vocación. Lejos de engreírte, deberás ser cada vez más humilde y entregado a tu Señor al considerar lo mucho que se ha abajado hasta llamarte aquel que es el Dios todopoderoso, Rey de reyes y Señor de los señores. Pues de todo su rebaño te ha elegido amorosamente para ser uno de sus amigos especiales.

Te ha conducido a suaves praderas y te ha alimentado con su amor, forzándote a tomar posesión de tu herencia en su reino.

Te pido, pues, que sigas tu curso sin desmayo. Espera el mañana y deja el ayer. No te importe lo que hayas conseguido. Trata más bien de alcanzar lo que tienes delante. Si haces esto, permanecerás en la verdad. Por el momento, si quieres crecer has de alimentar en tu corazón el ansia viva de Dios. Si bien este deseo vivo es un don de Dios, a ti corresponde el alimentarlo. Ten en cuenta esto: Dios es un amante celoso. Está actuando en tu espíritu y no tolerará sucedáneos. Tú eres el único a quien necesita. Todo lo que pide de tí es que pongas su amor en él y que le dejes a él solo. Cierra las puertas y ventanas de tu espíritu contra la invasión de pestes y enemigos y busca suplicante su fuerza; si así lo haces te verás a salvo de ellos. Insiste, pues. Quiero ver cómo caminas. Nuestro Señor está siempre dispuesto. Él sólo espera tu cooperación. Pero, me preguntas, ¿cómo seguir? ¿Qué he de hacer a continuación?

CAPÍTULO III. Cómo se ha de hacer la contemplación; de su excelencia sobre las demás actividades

He aquí lo que has de hacer. Eleva tu corazón al Señor, con un suave movimiento de amor, deseándole por si mismo y no por sus dones. Centra tu atención y deseo en él y deja que sea esta la única preocupación de tu mente y tu corazón. Haz todo lo que esté en tu mano para olvidar todo lo demás, procurando que tus pensamientos y deseos se vean libres de todo afecto a las criaturas del Señor o a sus asuntos tanto en general como en particular. Quizá pueda parecer una actitud irresponsable, pero, créeme, déjate guiar; no les prestes atención. Lo que estoy describiendo es la obra contemplativa del espíritu. Es la que más agrada a Dios. Pues cuando pones tu amor en él y te olvidas de todo lo demás, los santos y los ángeles se regocijan y se apresuran a asistirte en todos los sentidos, aunque los demonios rabien y conspiren sin cesar para perderte. Los hombres, tus semejantes, se enriquecen de modo maravilloso por esta actividad tuya, aunque no sepas bien cómo. Las mismas almas del purgatorio se benefician, pues sus sufrimientos se ven aliviados por los efectos de esta actividad. Y por supuesto, tu propio espíritu queda purificado y fortalecido por esta actividad contemplativa más que por todas las demás juntas. En compensación, cuando la gracia de Dios llegue a entusiasmarte, se convierte en la actividad más liviana y una de las que se hacen con más agrado. Sin su gracia, en cambio, es muy difícil y, casi diría yo, fuera de tu alcance.

Persevera, pues, hasta que sientas gozo en ella. Es natural que al comienzo no sientas más que una especie de oscuridad sobre tu mente o, si se quiere, una nube del no-saber. Te parecerá que no conoces ni sientes nada a excepción de un puro impulso hacia Dios en las profundidades de tu ser. Hagas lo que hagas, esta oscuridad y esta nube se interpondrán entre tí y tu Dios. Te sentirás frustrado, ya que tu mente será incapaz de captarlo y tu corazón no disfrutará las delicias de su amor.

Pero aprende a permanecer en esa oscuridad. Vuelve a ella tantas veces como puedas, dejando que tu espíritu grite en aquel a quien amas. Pues si en esta vida esperas sentir y ver a Dios tal como es, ha de ser dentro de esta oscuridad y de esta nube. Pero si te esfuerzas en fijar tu amor en Él olvidando todo lo demás -y en esto consiste la obra de contemplación que te insto a que emprendas-, tengo la confianza de que Dios en su bondad te dará una experiencia profunda de ti mismo.

CAPÍTULO IV. De la simplicidad de la contemplación; que no se ha de adquirir por el conocimiento o la imaginación

Acabo de describir un poco de lo que supone la actividad contemplativa. Ahora quiero estudiarla con más detenimiento, tal como yo la entiendo; a fin de que puedas proceder en ella con seguridad y sin errores. Esta actividad no lleva tiempo aun cuando algunas personas crean lo contrario. En realidad es la más breve que puedes imaginar; tan breve como un átomo, que a decir de los filósofos es la división más pequeña del tiempo. El átomo es un momento tan breve e integral que la mente apenas si puede concebirlo. No obstante, es de suma importancia, pues de esta medida mínima de tiempo se ha escrito:

Habréis de responder de todo el tiempo que os he dado. Y esto es totalmente exacto, pues tu principal facultad espiritual, la voluntad, sólo necesita esta breve fracción de un momento para dirigirse hacia el objeto de su deseo. Si por la gracia fueras restablecido a la integridad que el hombre poseía antes de pecar, serías dueño total de estos impulsos. Ninguno de ellos se extraviaría, sino que volaría al único bien, meta de todo deseo, Dios mismo. Pues Dios nos creó a su imagen y semejanza, haciéndonos iguales a él, y en la Encarnación se vació de su divinidad, haciéndose hombre como nosotros. Es Dios, y sólo Él, quien puede satisfacer plenamente el hambre y el ansia de nuestro espíritu, que, transformado por su gracia redentora, es capaz de abrazarlo por el amor. Él, a quien ni hombre ni ángeles pueden captar por el conocimiento, puede ser abrazado por el amor. El intelecto de los hombres y de los ángeles es demasiado pequeño para comprender a Dios tal cual es en si mismo.

Intenta comprender este punto. Las criaturas racionales, como los hombres y los ángeles, poseen dos facultades principales: la facultad de conocer y la facultad de amar.

Nadie puede comprender totalmente al Dios increado con su entendimiento; pero cada uno, de maneras diferentes, puede captarlo plenamente por el amor. Tal es el incesante milagro del amor: una persona que ama, a través de su amor, puede abrazar a Dios, cuyo ser llena y trasciende la creación entera. Y esta maravillosa obra del amor dura para siempre, pues aquel a quien amamos es eterno. Cualquiera que tenga la gracia de apreciar la verdad de lo que estoy diciendo, que se tome a pecho mis palabras, pues experimentar este amor es la alegría de la vida eterna y perderlo es el tormento eterno.

Quien, con la ayuda de la gracia de Dios, se da cuenta de los movimientos constantes de la voluntad y aprende a dirigirlos hacia Dios, nunca dejará de gustar algo del gozo del cielo, incluso en esta vida. Y en el futuro, ciertamente lo saboreará plenamente. ¿Ves ahora por qué te incito a esta obra espiritual? Si el hombre no hubiera pecado, te habrías aficionado a ella espontáneamente, pues el hombre fue creado para amar y todo lo demás fue creado para hacer posible el amor. A pesar de todo, el hombre quedará sanado por la obra del amor contemplativo. Al fallar en esta obra contemplative se hunde más a fondo en el pecado y se aleja más de Dios. Pero, perseverando en ella, surge gradualmente del pecado y se adentra en la intimidad divina.

Por tanto, estés atento al tiempo y a la manera de emplearlo. Nada hay más precioso. Esto es evidente si te das cuenta de que en un breve momento se puede ganar o perder el cielo. Dios, dueño del tiempo, nunca da el futuro. Sólo da el presente, momento a momento, pues esta es la ley del orden creado. Y Dios no se contradice a símismo en su creación. El tiempo es para el hombre, no el hombre para el tiempo. Dios, el Señor de la naturaleza, nunca anticipará las decisiones del hombre que se suceden una tras otra en el tiempo. El hombre no tendrá excusa posible en el juicio final diciendo a Dios: *Me abrumaste con el futuro cuando yo sólo era capaz de vivir en el presente*. Veo que ahora estás desanimado y te dices a ti mismo: ¿Qué he de hacer? Si todo lo que dice es verdad, ¿cómo justificaré mi pecado? Tengo 24 años y hasta este momento apenas si me he dado cuenta del tiempo. Y lo que es peor, no podría reparar el pasado aunque quisiera, pues según lo que me acaba de enseñar, esa tarea es imposible por naturaleza, incluso con la ayuda de la gracia ordinaria. Sé muy bien, además, que en el futuro probablemente no estaré más atento al momento presente de lo que lo he estado en el pasado. Estoy completamente desanimado. Ayúdame por el amor de Jesús.

Bien has dicho por el amor de Jesús. Pues sólo en su amor encontrarás ayuda. En el amor se comparten todas las cosas, y si amas a Jesús, todo lo suyo es tuyo. Como Dios, es el creador y dispensador del tiempo; como hombre, aprovechó el tiempo de una manera consciente; como Dios y hombre es el justo juez de los hombres y de su uso del tiempo. Únete, pues, a Jesús, en fe y en amor de manera que perteneciéndole puedas compartir todo lo que tiene y entrar en la amistad de los que le aman. Esta es la comunión de los santos y estos serán tus amigos: nuestra Señora, santa María, que estuvo llena de gracia en todo momento; los ángeles, que son incapaces de perder tiempo, y todos los santos del cielo y de la tierra, que por la gracia de Jesús emplean todo su tiempo en amar. Fíjate bien, aquí está tu fuerza. Comprende lo que digo y anímate. Pero recuerda, te prevengo de una cosa por encima de todo. Nadie puede exigir la verdadera amistad con Jesús, su madre, los ángeles y los santos, a menos que haga todo lo que está en su mano con la gracia de Dios para aprovechar el tiempo. Ha de poner su parte, por pequeña que sea, para fortalecer la amistad, de la misma manera que ésta le fortalece a él.

No debes, pues, descuidar esta obra de contemplación. Procura también apreciar sus maravillosos efectos en tu propio espíritu. Cuando es genuina, es un simple y espontáneo deseo que salta de repente hacia Dios como la chispa del fuego. Es asombroso ver cuántos bellos deseos surgen del espíritu de una persona que está acostumbrada a esta actividad. Y sin embargo, quizá sólo una de ellas se vea completamente libre de apego a alguna cosa creada. O puede suceder también que tan pronto un hombre se haya vuelto hacia Dios, llevado de su fragilidad humana, se encuentre distraído por el recuerdo de alguna cosa creada o de algún cuidado diario. Pero no importa. Nada malo ha ocurrido: esta persona volverá pronto a un recogimiento profundo.

Pasamos ahora a la diferencia entre la obra contemplativa y sus falsificaciones tales como los ensueños, las fantasías o los razonamientos sutiles. Estos se originan en un espíritu presuntuoso, curioso o romántico, mientras que el puro impulso de amor nace de un corazón sincero y humilde. El orgullo, la curiosidad y las fantasías o ensueños han de ser controlados con firmeza si es que la obra contemplativa se ha de alumbrar auténticamente en la intimidad del corazón. Probablemente, algunos dirán sobre esta obra y supondrán que pueden llevarla a efecto mediante ingeniosos esfuerzos. Probablemente forzarán su mente e imaginación de un modo no natural y sólo para producir un falso trabajo que no es ni humano ni divino. La verdad es que esta persona está peligrosamente engañada. Y temo que, a no ser que Dios intervenga con un milagro que la lleve a abandonar tales prácticas y a buscar humildemente una orientación segura, caerá en aberraciones mentales o en cualquier otro mal espiritual del demonio engañador. Corre, pues, el riesgo de perder cuerpo y alma para siempre. Por amor de Dios, pon todo tu empeño en esta obra y no fuerces nunca tu mente ni imaginación, ya que por este camino no llegarás a ninguna parte. Deja estas facultades en paz.

No creas que porque he hablado de la oscuridad y de una nube pienso en las nubes que ves en un cielo encapotado o en la oscuridad de tu casa cuando tu candil se apaga. Si así fuera, con un poco de fantasía podrías imaginar el cielo de verano que rompe a través de las nubes o en una luz clara que ilumina el oscuro invierno. No es esto lo que estoy pensando; olvídate, pues, de tal despropósito. Cuando hablo de oscuridad, entiendo la falta o ausencia de conocimiento. Si eres incapaz de entender algo o si lo has olvidado, ¿no estás acaso en la oscuridad con respecto a esta cosa? No la puedes ver con los ojos de tu mente. Pues bien, en el mismo sentido, yo no he dicho *nube*, sino *nube del no-saber*. Pues es una oscuridad del no-saber que está entre tú y tu Dios.

CAPÍTULO V. Que durante la oración contemplativa todas las cosas creadas y sus obras han de ser sepultadas bajo la nube del olvido

Si deseas entrar en esta nube, permanecer en ella y proseguir la obra de amor de la contemplación, a la cual te estoy urgiendo, tienes que hacer otra cosa. Así como la nube del no-saber está sobre tí, entre tí y tu Dios, de la misma manera debes extender una nube del olvido por debajo de ti, entre tí y todo lo creado. La nube del no-saber te dejará quizá con la sensación de que estás lejos de Dios. Pero no, si es auténtica, sólo la ausencia de una nube del olvido te mantiene ahora alejado de Él. Siempre que digo *todas las criaturas*, me refiero no sólo a todo lo creado, sino a todas sus circunstancias y actividades: No hago excepción alguna. Tu obligación es no vincularte a criatura alguna, sea material o espiritual, ni a su situación ni hechos, sean buenos o malos. Para expresarlo brevemente, durante este trabajo has de abandonarlos a todos ellos bajo la nube del olvido. Pues aunque en ciertos momentos y circunstancias es necesario y útil detenerse en situaciones y actividades concretas que atañen a personas y cosas, durante esta actividad es casi inútil. El pensamiento y el recuerdo son formas de comprensión espiritual en las que el ojo del espíritu se abre y se cierra sobre las cosas como el ojo del tirador sobre su objetivo. Pero te insisto en que todo aquello en lo que te detienes durante esta actividad resulta un obstáculo a la unión con Dios. Pues si tu mente está bloqueada con estas preocupaciones, no hay lugar para el.

Y con toda la debida reverencia, llego hasta a afirmar que es completamente inútil pensar que puedes alimentar tu obra contemplativa considerando los atributos de Dios, su bondad o su dignidad; o pensando en nuestra Señora, los ángeles o los santos; o en los goces del cielo, por maravillosos que sean. Creo que este tipo de actividad ya no te sirve para nada. Desde luego, es laudable reflexionar sobre la bondad y el amor de Dios y alabarle por ello. Sin embargo, es mucho mejor que tu mente descanse en la conciencia de Él mismo, en su existencia desnuda y le ame y le alabe por lo que es en sí mismo.

CAPÍTULO VI. Breve explicación de la contemplación en la forma de un diálogo

Pero tú dices: ¿Cómo puedo hacer para pensar en Dios tal cual es en sí mismo? A esto sólo puedo responder: No lo sé. Con esta pregunta me llevas a la misma oscuridad y nube del no-saber a la que quiero que entres.

El hombre puede conocer totalmente y ponderar todo lo creado y sus obras, y también las obras de Dios, pero no a Dios mismo. El pensamiento no puede comprender a Dios. Por eso, prefiero abandonar todo lo que puedo conocer, optando más bien por amar a aquel a quien no puedo conocer. Aunque no podemos conocerle, sí que podemos amarle. Por el amor puede ser alcanzado y abrazado, pero nunca por el pensamiento. Por supuesto, que hacemos bien a veces en ponderar la majestad de Dios o su bondad por la comprensión que estas meditaciones pueden proporcionar. Pero en la verdadera actividad contemplativa has de dejar todo esto aparte y cubrirlo con una nube del olvido. Deja, pues, que tu devoto, gracioso y amoroso deseo avance, decidida y alegremente, más allá de esto, llegue a penetrar la oscuridad que está encima. Si golpea esa densa nube del no-saber con el dardo de tu amoroso deseo y no ceses, suceda lo que suceda.

CAPÍTULO VII. Cómo se ha de conducir una persona durante la oración respecto a los pensamientos, especialmente respecto a los que nacen de la curiosidad e inteligencia natural

Es inevitable que las ideas surjan en tu mente y traten de distraerte de mil maneras. Te preguntarán diciendo: ¿Qué es lo que buscas?, ¿Qué quieres? A todas ellas debes responder: A Dios solo busco y deseo, a Él solo. Y si te preguntan: ¿Quién es este Dios?, diles que es el Dios que te creó, que te redimió y te trajo a esta obra. Di a tus pensamientos: Sois incapaces de captarle. Dejadme. Dispérsalos volviéndote a Jesús con amoroso deseo. No te sorprendas si tus pensamientos parecen santos y valiosos para la oración. Con toda probabilidad te encontrarás a tí mismo pensando en las maravillosas cualidades de Jesús, su dulzura, su amor, su gracia, su misericordia. Pero si prestas atención a estas ideas, verás que han conseguido lo que deseaban de tí, y continuarán hablándote hasta inclinarte hacia el pensamiento de la Pasión. Vendrán después ideas sobre su gran bondad y si continúas atento, estarán complacidas. Pronto te encontrarás pensando en tu vida pecadora y quizá con este motivo te podrás acordar de algún lugar en que viviste en tu vida pasada, hasta que de repente, antes de que te des cuenta, tu mente se habrá disipado por completo.

Y, sin embargo, no eran malos pensamientos. En realidad eran pensamientos buenos y santos, tan valiosos que todo el que desee avanzar sin haber meditado con frecuencia en sus propios pecados, en la Pasión de Cristo, la mansedumbre, bondad y dignidad de Dios, se extraviará y fracasará en su intento. Pero una persona que ha meditado largamente estas cosas ha de dejarlas detrás, bajo la nube del olvido, si es que quiere penetrar la nube del no-saber que está entre él y su Dios.

Por eso, siempre que te sientas movido por la gracia a la actividad contemplativa y estés determinado a realizarla, eleva con sencillez tu corazón a Dios con un suave movimiento de amor. Piensa solamente en Dios que te creó, que te redimió y te guió a esta obra. No dejes que otras ideas sobre Dios entren en tu mente. Incluso esto es demasiado. Basta con un puro impulso hacia Dios, el deseo de Él solo. Si quieres centrar todo tu deseo en una simple palabra que tu mente pueda retener fácilmente, elige una palabra breve mejor que una larga. Palabras tan sencillas como *Dios* o *Amor* resultan muy adecuadas. Pero has de elegir una que tenga significado para tí. Fíjala luego en tu mente, de manera que permanezca allí suceda lo que suceda. Esta palabra será tu defensa tanto en la guerra como en la paz. Sírvete de ella para golpear la nube de la oscuridad que está sobre ti y para dominar todas las distracciones, fijándolas en la nube del olvido, que tienes debajo de ti. Si algún pensamiento te siguiera molestando queriendo saber lo que haces, respóndele con esta única palabra. Si tu mente comienza a intelectualizar el sentido y las connotaciones de esta palabrita, acuérdate de que su valor estriba en su sencillez. Haz esto y te aseguro que tales pensamientos desaparecerán. ¿Por qué? Porque te has negado a desarrollarlos discutiendo con ellos.

CAPÍTULO VIII. Una buena exposición de ciertas dudas que pueden suscitarse respecto a la contemplación; que la curiosidad del hombre, su saber y su natural inteligencia han de

abandonarse en este trabajo; de la distinción entre los grados y las partes de la vida activa y contemplativa

Pero ahora me dices: ¿Cómo he de juzgar estas ideas que actúan sobre mí cuando rezo? ¿Son buenas o malas? Y si son malas, me extraña mucho porque despiertan grandemente mi devoción. A veces son un alivio real e incluso me hacen llorar de pena ante la Pasión de Cristo o de mis propios pecados. Por otras razones también estoy inclinado a creer que estas santas meditaciones me hacen un gran bien. Por eso, si no son malas sino positivamente buenas, no comprendo por qué me aconsejas que las deje debajo de una nube del olvido.

Las preguntas que me haces son muy buenas y trataré de responderlas lo mejor que pueda. Quieres conocer, en primer lugar, qué clase de pensamientos son, ya que parecen ser tan útiles. A esto respondo: son las ideas claras de tu inteligencia natural que la razón concibe en tu mente. A lo de si son buenas o malas, insistiré en que son siempre buenas en si mismas, ya que tu inteligencia es un reflejo de la inteligencia divina. Son buenas, ciertamente, cuando con la gracia de Dios te ayudan a comprender tus pecados, la Pasión de Cristo, la bondad de Dios o las maravillas que obra a través de la creación. Nada de extraño si estas reflexiones arraigan tu devoción. Pero son malas cuando, hinchadas por el orgullo, la curiosidad intelectual y el egoísmo, corrompen tu mente. Pues entonces has dejado a un lado la mente humilde de un sabio, de un maestro en teología y ascética para ser como esos sabios orgullosos del demonio, expertos en vanidades y mentiras. Lo digo como una advertencia para todos. La inteligencia natural se inclina al mal siempre que se llena de orgullo y de curiosidad innecesaria sobre negocios mundanos y vanidades humanas o cuando egoístamente anhela las dignidades mundanas, las riquezas, los placeres vanos, o la vanidad.

Me preguntas ahora: si estos pensamientos no sólo son buenos en sí mismos sino que además pueden usarse para bien, ¿por qué los debo dejar bajo una nube de olvido? Responder a esto precisa cierta explicación. Comenzaré diciendo que en la Iglesia hay dos clases o formas de vida, la activa y la contemplativa. La vida activa es inferior, y la contemplativa superior. Dentro de la vida activa hay también dos grados, uno bajo y otro más alto. Pero estas dos vidas son tan complementarias que, si bien son totalmente diferentes entre sí ninguna de las dos puede existir independientemente de la otra. Pues el grado superior de la vida activa se introduce en el grado inferior de la contemplativa, de manera que, por activa que sea una persona, es también al mismo tiempo parcialmente contemplativa. Y cuando el hombre es tan contemplativo como puede ser en esta vida, en cierta medida sigue siendo activo.

La vida activa es de tal naturaleza que comienza y termina en la tierra. La contemplativa, sin embargo, puede ciertamente comenzar en la tierra pero continuará sin fin en la eternidad. Y ello porque la vida contemplativa es la parte de María que no le será quitada. La vida activa, en cambio, se ve turbada y preocupada por muchas cosas, pero la contemplativa se sienta en paz con la única cosa necesaria.

En el grado inferior de la vida activa la persona hace bien ocupándose en buenas acciones y obras de misericordia. En el grado superior de la vida activa (que se funde con el grado inferior de la vida contemplativa) el hombre comienza a meditar en las cosas del espíritu. Ahora es cuando debe ponderar con lágrimas la maldad del hombre hasta adentrarse en la Pasión de Cristo y los sufrimientos de sus santos con ternura y compasión. Es ahora también cuando crece en el aprecio de la bondad de Dios y de sus dones y comienza a alabarle y darle gracias por las maravillosas maneras con que actúa en su creación. Pero en el grado más alto de la contemplación, tal como la conocemos en esta vida, todo es oscuridad y una nube del no-saber. Aquí uno se vuelve a Dios con deseo amoroso de sólo Él mismo y permanece en la ciega conciencia de su desnudo ser.

Las actividades del grado inferior de la vida activa dejan gran parte del potencial humano natural del hombre sin explotar. En esta etapa vive, como si dijéramos, fuera de si mismo o por debajo de si mismo. A medida que avanza hacia el grado superior de la vida activa (que se funde con el grado inferior de la vida contemplativa) se va haciendo más interior, viviendo más desde las profundidades de si mismo y haciéndose más verdaderamente humano. Pero en el grado superior de la vida contemplativa se trasciende a sí mismo porque consigue por la gracia lo que por naturaleza está por encima de él. Pues ahora se encuentra unido a Dios espiritualmente en una comunión de amor y de deseo. La experiencia enseña que es necesario dejar a un lado por un tiempo las obras del grado inferior de la vida activa, a fin de adentrarse en el grado superior de la vida activa, que, como dijimos, se funde en el grado inferior de la vida contemplativa. De la misma manera, llega un momento en que es necesario dar de lado estas obras también a fin de avanzar hacia el grado superior de la vida contemplativa. Y así como es error que una persona que se sienta a meditar piense en las cosas que ha hecho o que hará sin mirar si son buenas y dignas en si mismas, de la misma manera no está bien que una persona que debiera estar ocupada en la obra de la contemplación en la oscuridad de la nube del no-saber deje que las ideas sobre Dios, sus dones maravillosos, su bondad o sus obras le distraigan de la atención a Dios mismo. Es esta una cuestión distinta del hecho de que se trate de pensamientos buenos que reportan comfort y gozo. ¡No tienen lugar aquí!.

Por ello te apremio a que deseches todo pensamiento sabio o sutil por santo o valioso que sea. Cúbrelo con la espesa nube del olvido porque en esta vida sólo el amor puede alcanzar a Dios, tal cual es en sí mismo, nunca el conocimiento. Mientras vivimos en estos cuerpos mortales, la agudeza de nuestro entendimiento permanece embotada por limitaciones materiales siempre que trata con las realidades espirituales y más especialmente con Dios. Nuestro razonamiento, pues, no es jamás puro pensamiento, y sin la asistencia de la misericordia divina nos llevaría muy pronto al error.

CAPÍTULO XI. Que los pensamientos más sublimes son más obstáculo que ayuda durante el tiempo de la oración contemplativa

Así, pues, has de rechazar toda conceptualización clara tan pronto como surja, ya que surgirá inevitablemente, durante la actividad ciega del amor contemplativo. Si no las vences, ellas ciertamente te dominarán a ti. Pues cuando más desees estar solo con Dios, más se deslizarán a tu mente con tal cautela que sólo una constante vigilancia las podrá detectar. Puedes estar seguro de que si estás ocupado con algo inferior a Dios, lo colocas por encima de tí mientras piensas en ello y creas una barrera entre tí y Dios. Has de rechazar, por tanto, con firmeza todas las ideas claras por piadosas o placenteras que sean. Créeme lo que te digo: un amoroso y ciego deseo hacia Dios sólo es más valioso en si mismo, más grato a Dios y a los santos, más provechoso a tu crecimiento y de más ayuda a tus amigos, tanto vivos como difuntos, que cualquier otra cosa que pudieras hacer. Y resulta mayor bendición para ti experimentar el movimiento interior de este amor dentro de la oscuridad de la nube del no-saber que contemplar a los ángeles y santos u oír el regocijo y la melodía de su fiesta en el cielo.

¿Te sorprende esto? Se debe solamente a que no lo has experimentado por ti mismo. Pero cuando lo experimentes, como creo firmemente que lo harás con la gracia de Dios, entonces podrás entenderlo. Por supuesto que en esta vida es imposible ver y poseer plenamente a Dios; pero, con su gracia y a su tiempo, es posible gustar algo de Él tal como es en si mismo. Así, pues, entra en esta nube con una gran ansia de Él. O más bien, diría yo, deja que Dios despierte en ti esta ansia y arrójate a Él en esta nube, mientras con la ayuda de su gracia te esfuerzas por olvidar todo lo demás.

Recuerda que si las ideas claras que surgen sin querer y que tú rechazas pueden molestarte y apartarte del Señor, privándote de la experiencia de su amor, mucho más lo harán aquellas que tú cultivas voluntariamente. Y si el pensamiento de un santo particular o de alguna realidad puramente espiritual crea un obstáculo a esta actividad, cuánto más el pensamiento del hombre mortal o de cualquier otro interés material o mundano. No digo que estos pensamientos, deliberados o indeliberados, sean malos en sí mismos. Dios me libre de que me entiendas mal. No, lo que he querido decir es que son un obstáculo más que una ayuda. Pues si buscas de verdad a Dios solo, nunca encontrarás descanso ni contento en algo inferior a Dios.

CAPÍTULO X. De la manera que tiene el hombre de conocer cuándo sus pensamientos son pecaminosos; de la diferencia entre pecados mortales y veniales

Otra cosa son los pensamientos sobre los hombres mortales y sobre las cosas materiales o mundanas. Es posible que aparezcan en tu mente sin tu consentimiento pensamientos relativos a estas cosas. No hay pecado en ello, pues no es culpa tuya ya que todo esto sucede como resultado del pecado original. Aunque quedaste limpio del pecado original en el bautismo, sigues cargado con sus consecuencias. Por lo mismo, estás obligado a rechazar estos pensamientos inmediatamente, pues tu naturaleza es débil. Si no lo haces, te puedes ver arrastrado a amar u odiar según las reacciones que susciten. Si es un pensamiento agradable o te recuerda algún placer pasado, podrías sorprenderte consintiendo al goce del mismo; y si se trata de un pensamiento desagradable o te trae a la memoria algún recuerdo doloroso, podrías ceder a un sentimiento de rencor. Un consentimiento tal puede llegar a convertirse en pecado grave en el caso de una persona que vive alejada de Dios y que ha hecho una elección fundamental en contra del bien. Pero en el caso tuyo como de cualquier otra persona que sinceramente ha renunciado a las ataduras mundanas, sólo sería un pecado leve. Al haber elegido tu modo de vida actual, hiciste una opción radical por Dios, y esto queda en pie, aunque tengas algún fallo pasajero. No hay un consentimiento pleno y por esto, para ti, sería un pecado más leve. A pesar de todo esto, si permites que tus pensamientos, faltos de control, lleguen al punto en que consciente y voluntariamente tú te instalas en ellos, con pleno consentimiento, caerías en un pecado grave. Pues es siempre pecado grave, si con plena conciencia y asentimiento te mantienes pensando en alguna persona o cosa que incitan tu corazón a uno de los siete pecados capitales.

Si le das vueltas a alguna injusticia pasada o presente, pronto te torturarán deseos de venganza e ira; y la ira es pecado. Si engendras desprecio profundo por otra persona y una especie de odio lleno de rencor y de juicios prematuros, has sucumbido a la envidia. Si cedes a la comodidad y a la desgana de hacer el bien, esto se llama pereza. Si el pensamiento que te viene (o suscitas) está cargado de engreimiento y te hace presumir de tu honor, inteligencia, los dones recibidos de la gracia, de tu estado social, tus talentos o tu belleza, y si voluntariamente te regocijas en ello, estás cayendo en el pecado del orgullo. Si se trata de un pensamiento referido a cosas materiales, es decir, bienestar, posesiones u otros bienes terrenales que la gente se afana en conseguir y llamar suyos, y si te mantienes en este pensamiento suscitando el deseo, esto es codicia. Si sucumbes al deseo desordenado de comidas y bebidas refinadas o en cualquier otro de los goces del gusto, el pecado se llama gula. Y finalmente, el deseo ilícito del goce carnal o de las caricias y los halagos de otros, esto se llama lujuria.

Si tus errantes pensamientos evocan cualquier placer, pasado o presente, y si te detienes en él, dejándole que eche raíces en tu corazón y que alimente tu deseo carnal, corres el peligro de verte vencido por el deleite de la pasión. Entonces pensarás que estás en posesión de todo lo que pudieras desear y que este placer puede satisfacerte a la perfección.

CAPÍTULO XI. Que el hombre ha de valorar con precisión sus pensamientos e inclinaciones y evitar una actitud de descuido con respecto al pecado venial

No digo esto porque me preocupe el que tú o cualquier otra persona de oración se halle realmente bajo el peso de la culpa de pecados como estos. Mi intención es poner de relieve la importancia que tiene para ti el percatarte de tus pensamientos y deseos tan pronto como surgen, ya que has de aprender a rechazar el más mínimo de ellos que pudiera conducirte al pecado. Te prevengo que una persona que no vigila y controla sus pensamientos, aún cuando no sean pecaminosos en sus primeros movimientos, terminará por no dar importancia a los pecados leves. Es imposible evitar todas las faltas y caídas en esta vida, pero la falta de cuidado en torno a pequeños pecados deliberados es algo intolerable para quien busca verdaderamente la perfección. Pues normalmente la negligencia en los pecados leves abre la puerta a la probabilidad del pecado mortal.

CAPÍTULO XII. Que en la contemplación queda destruido el pecado y se fomenta toda clase de bien

Así, pues, para mantenerte firme y evitar las trampas, mantente en la senda en que estás. Deja que tu incesante deseo golpee en la nube del no-saber que se interpone entre ti y tu Dios. Penetra esa nube con el agudo dardo de tu amor, rechaza el pensamiento de todo lo que sea inferior a Dios y no dejes esta obra por nada. La misma obra contemplativa del amor llegará a curarte de todas las raíces del pecado. Ayuna cuanto quieras, mantente en vigilia hasta bien entrada la noche, levántate antes de la aurora, disciplina tu cuerpo y, si te es permitido -que no lo es-, sácate los ojos, arráncate la lengua, tapa tus oídos y nariz y prescinde de tus miembros; sí, castiga tu cuerpo con toda clase de disciplina y seguirás sin conseguir nada. El deseo y la tendencia hacia el pecado permanecerían en tu corazón. Todavía más, si lloraras en perpetuo llanto tus pecados y la Pasión de Cristo y ponderaras incesantemente los goces del cielo, ¿crees que te haría algún bien? Mucho bien, no me cabe la menor duda. Estoy seguro de que aprovecharías y crecerías en la gracia, pero en comparación con el ciego impulso del amor, todo esto es muy poco. Pues la obra contemplativa del amor es la mejor parte y pertenece a María. Es totalmente completa en sí misma, mientras que todas las demás disciplinas y ejercicios son de poco valor sin ella.

La obra del amor no sólo cura las raíces del pecado, sino que fomenta la bondad práctica. Cuando es auténtica verás que eres sensible a toda necesidad y que respondes con una generosidad desprovista de toda intención egoísta. Todo lo que trates de hacer sin este amor será ciertamente imperfecto, pues es seguro que se echará a perder por ulteriores motivos.

La bondad auténtica se manifiesta en una manera habitual de obrar bien y de responder adecuadamente en cada situación, según se presenta; está movida siempre por el deseo de agradar a Dios. Solo Él es la fuente pura de todo bien, y si alguna persona se ve motivada por algo distinto de Dios, aun cuando Dios sea el primero, entonces su virtud es imperfecta. Esto es evidente en el caso de dos virtudes en particular, la humildad y el amor fraterno. Quien adquiere estos hábitos y actitudes no necesita otros, pues en ellos poseerá todos los demás.

CAPÍTULO XIII. De la naturaleza de la humildad; cuándo es perfecta y cuándo es imperfecta

Consideremos, pues, la virtud de la humildad de forma que puedas entender por qué es perfecta cuando Dios solo es su fuente y por qué es imperfecta cuando surge de otra fuente aun cuando Dios pudiera ser la principal. Trataré de explicar primero lo que es la humildad en sí misma y después será más fácil captar la diferencia.

Un hombre es humilde cuando permanece en la verdad con un conocimiento y apreciación de sí mismo tal cual es. Y de hecho, cualquiera que se vea y experimente tal como real y verdaderamente es, no tendrá dificultad alguna en ser humilde, pues dos cosas le aparecerán muy claras. En primer lugar, verá claramente la degradación, miseria y flaqueza de la condición humana, fruto del pecado original. De estos efectos del pecado original el hombre nunca se verá totalmente libre en esta vida, por santo que llegue a ser. En segundo lugar, tendrá que reconocer la bondad trascendente de Dios tal como es en sí mismo y en su rebosante y superabundante amor hacia el hombre. Ante tan gran bondad y amor la naturaleza tiembla, los sabios tartamudean como locos, y los ángeles y santos quedan cegados por su gloria. Tan abrumadora es la revelación de la naturaleza de Dios, que si su poder no los sostuviera, no me atrevo a pensar qué sucedería.

La humildad engendrada por este conocimiento experimental de la bondad y del amor de Dios la llamo perfecta, porque es una actitud que el hombre mantendrá incluso en la eternidad. Pero la humildad que surge de una comprensión realista de la condición humana la considero imperfecta, porque no sólo desaparecerá en la muerte juntamente con su causa, sino que en esta misma vida no siempre será operativa. Pues a veces las personas muy avanzadas en la vida contemplativa pueden recibir de Dios tal gracia que de repente se sientan totalmente fuera de sí mismas y sin pensar o preocuparse por si son santas o pecadoras. Los contemplativos ya adelantados pueden experimentar esto con mayor o menor frecuencia, según la sabiduría de Dios, pero en cualquier caso, a mi juicio, es un fenómeno pasajero. Durante este tiempo, sin embargo, aunque pueden perder todo interés o preocupación por sus pecados o virtudes, no pierden el sentido del inmenso amor y bondad de Dios y por tanto, tienen humildad perfecta. Por otra parte, si el primer motivo es operativo, aunque sea de modo secundario, sólo tienen humildad imperfecta. No estoy sugiriendo, sin embargo, que se deje de lado el primer motivo. No quiera Dios que me entiendas mal, pues estoy convencido de que las dos cosas son provechosas y necesarias en esta vida.

CAPÍTULO XIV. Que en esta vida la humildad imperfecta ha de preceder a la perfecta

Si hablo de la humildad imperfecta no lo hago porque dé poca importancia al verdadero autoconocimiento. Aunque se juntaran todos los ángeles y santos del cielo con todos los miembros de la Iglesia en la tierra, situados en todos los grados de la santidad cristiana, y rogaran por mi crecimiento en la humildad, estoy cierto que no me aprovecharía tanto ni me llevaría tan rápido a la perfección de esta virtud, como un poco de autoconocimiento. Ciertamente, es imposible llegar a la perfecta humildad sin él.

Por tanto, no huyas del sudor y de la fatiga que supone el conseguir un verdadero autoconocimiento, pues estoy seguro de que cuando lo hayas adquirido llegarás muy pronto al conocimiento experiencial de la bondad y del amor de Dios. No un conocimiento completo, naturalmente, pues eso no es posible al hombre; ni siquiera tan completo al que poseerás en la alegría de la eternidad, pero si un conocimiento tan completo como es posible al hombre en esta vida.

Mi propósito al explicar los dos tipos de humildad no es ponerte en seguimiento de la perfecta con desprecio de la imperfecta. No, y confío en que nunca harás esto. Mi intención es simplemente ayudarte a apreciar la excelsa dignidad de la obra contemplativa del amor, en comparación con cualquier otra posible con la ayuda de la gracia. Pues el amor secreto de un corazón puro que presiona sobre esa nube oscura del no-saber que está entre tí y tu Dios de una manera oculta pero cierta incluye en sí mismo la perfecta humildad sin ayuda de ideas concretas o claras. Quería además que apreciaras la excelencia de la humildad perfecta de forma que la mantuvieras ante tu corazón como un incentivo a tu amor. Esto es importante para nosotros dos. Y finalmente, me he esforzado por explicar todo esto porque creo que un conocimiento pleno sobre la perfecta humildad por si mismo te hará más humilde. Pues pienso a menudo que la ignorancia de los dos grados de humildad ocasiona una buena dosis de orgullo. Es muy posible que un poco de gusto de lo que he llamado humildad imperfecta pudiera llevarte a creer que ya eres humilde a la perfección. Te engañarías a tí mismo y lo que es más, habrías caído en el fétido cieno de la presunción. Esfuérzate, pues, por conseguir esta virtud en toda su perfección. Cuando una persona la experimenta no pecará ni entonces ni durante mucho tiempo.

CAPÍTULO XV. Una prueba de que los que piensan que el motivo más perfecto de la humildad es la comprensión de la bajeza del hombre están en un error

Créeme cuando te digo que existe la humildad perfecta y que con la gracia de Dios puede ser tuya en esta vida. Insisto en esto porque algunos enseñan erróneamente que no existe mayor humildad que la ocasionada por el pensamiento de la desdichada condición humana y el recuerdo de la vida pecadora del pasado.

Concedo de grado que para los que están habituados al pecado (como yo mismo he estado) esto es muy cierto. Y hasta que el gran orín del pecado mortal sea raído en el sacramento de la Penitencia, nada es más necesario y valioso en la enseñanza de la humildad que el pensamiento de nuestro miserable estado y de nuestros pecados pasados. Pero esta actitud no es auténtica para quienes nunca han pecado gravemente, con pleno conocimiento y consentimiento. Son como niños inocentes que sólo han caído por fragilidad e ignorancia. Pero incluso estos inocentes, especialmente si están iniciados en el camino de la oración contemplativa, tienen motivos para ser humildes. También nosotros, después de haber satisfecho adecuadamente y de habernos arrepentido de nuestros pecados en la confesión y habiendo sido arrastrados por la gracia a la oración contemplativa, tenemos motivos para ser humildes. Algo que va mucho más lejos del motivo imperfecto que mencioné más arriba nos mantendrá humildes. Pues la bondad y el amor de Dios es una razón tan por encima del propio conocimiento como la vida de nuestra Señora está por encima de la vida del penitente más pecador en la santa Iglesia; o como la vida de Cristo está por encima de cualquier otro ser humano; o la vida de un ángel, que no puede experimentar la debilidad humana, está por encima de la vida del hombre más débil de la tierra.

Si no hubiera otra razón para la humildad más que la pobreza de la condición humana, entonces me preguntaría por qué los que nunca han experimentado la corrupción del pecado habrían de ser humildes. Pues, con toda seguridad, nuestro Señor Jesucristo, nuestra Señora, los santos y los ángeles del cielo están para siempre libres del pecado y de sus efectos. Sin embargo, nuestro Señor Jesucristo mismo nos llama a la perfección de toda virtud en el Evangelio cuando dice que debemos ser perfectos por gracia como

Él lo es por naturaleza. Y así éste llamamiento ha de incluir la virtud de la humildad.

CAPÍTULO XVI. Que un pecador verdaderamente convertido y llamado a la contemplación llega a la perfección del modo más rápido a través de la contemplación; que este es el camino más seguro para obtener de Dios el perdón del pecado

No importa que el hombre haya pecado mucho, ya que puede arrepentirse y enmendar su vida. Y si siente que la gracia de Dios le arrastra a la vida contemplativa (habiendo seguido fielmente la dirección de su padre y consejero espiritual), que nadie se atreva a llamarle presuntuoso por querer alcanzar a Dios en la oscuridad de esa nube del no-saber con el humilde deseo de su amor. ¿No dijo nuestro Señor a María Magdalena, que representa a todos los pecadores arrepentidos llamados a la contemplación: *tus pecados te son perdonados*? ¿Piensas que dijo esto sólo porque ella se acordaba siempre de sus pecados pasados? ¿O por la humildad que sentía a la vista de su miseria? ¿O porque su dolor era grande? No, fue porque *amó mucho*.

Graba bien esto. Pues en ello puedes ver lo poderoso que es con la ayuda de Dios ese secreto amor contemplativo. Es más poderoso, te lo aseguro, que cualquier otra cosa. Pero, al mismo tiempo, María estaba llena de remordimiento, lloró mucho sus pecados pasados y estaba profundamente humillada ante el pensamiento de su vileza. En el mismo sentido, nosotros que hemos sido tan miserables y habituales pecadores durante toda nuestra vida deberíamos lamentar nuestro pasado y ser totalmente humildes al recordar nuestro infeliz estado.

Pero, ¿cómo? Sin duda el camino de María Magdalena es el mejor. Ciertamente nunca cesó de sentir un constante dolor por sus pecados y durante toda su vida los llevó como una gran carga secreta en su corazón. Sin embargo, la Escritura testifica que su más hondo dolor no fue tanto por sus malas obras como por su falta de amor. Si, y por esto desfallecía con un ansia y tristeza transidas de dolor que le llevaban casi al trance de la muerte, pues aunque su amor era muy grande a ella le parecía muy pequeño. No has de sorprenderte por esto. Es el estilo de todos los verdaderos amantes. Cuanto más aman, más desean amar. En su corazón conocía con absoluta certeza que era el más miserable de todos los pecadores. Se daba cuenta de que sus malas obras le habían separado del Dios a quien tanto amaba y por eso mismo desfallecía ahora, enferma como estaba por su falta de amor. ¿Y qué hizo? ¿Piensas que entonces bajó desde las alturas de su gran deseo a lo hondo de su mala vida buceando en ese fétido cieno y en el lodazal de sus pecados, examinándolos uno a uno en sus mínimos detalles a fin de medir su dolor y sus lágrimas más eficazmente? No, ciertamente. ¿Por qué? Porque Dios mismo, en las profundidades de su espíritu, le enseñó con su gracia la inutilidad de esta actitud. Con las solas lágrimas podría haberse despertado más pronto a nuevos pecados que a un perdón seguro de su pasado.

Por eso, dirigió apresuradamente su amor y deseo hacia esa nube del no- saber y aprendió a amarle, sin verle a la clara luz de la razón ni sentir su presencia en el goce sensible de la devoción. Tan absorta estaba en el amor que con frecuencia olvidaba si había sido pecadora o inocente. Si, pienso que se enamoró tanto de la divinidad del Señor que apenas se daba cuenta de la belleza de su presencia humana cuando estaba sentado junto a ella, hablando y enseñando. Por el relato evangélico se diría que llegó a olvidarse de todo, tanto de lo material como de lo espiritual.

CAPÍTULO XVII. Que un verdadero contemplativo no ha de mezclarse en la vida activa ni preocuparse de lo que está a su alrededor ni siquiera defenderse contra los que le critican

En el Evangelio de san Lucas leemos que nuestro Señor entró a casa de Marta, y mientras ella se puso inmediatamente a prepararle la comida, su hermana María no hizo otra cosa que estar sentada a sus pies. Estaba tan embelesada escuchándole que no prestaba atención a lo que hacía Marta. Ciertamente las tareas de Marta eran santas e importantes. (Son, en efecto, las obras del primer grado de la vida activa). Pero María no les daba importancia. Ni se daba cuenta tampoco del aspecto humano de nuestro Señor, de la belleza de su cuerpo mortal, o de la dulzura de su voz y conversación humanas, si bien esta podría haber sido una obra más santa y mejor. (Representa el segundo grado de la vida activa y el primero de la vida contemplativa). Pero se olvidó de todo esto y estaba totalmente absorta en la altísima sabiduría de Dios oculta en la oscuridad de su humanidad.

María se volvió a Jesús con todo el amor de su corazón, inmóvil ante lo que veía u oía hablar y hacer en torno a ella. Se sentó en perfecta calma, con el amor gozoso y secreto de su corazón disparado, hacia esa nube del no-saber entre ella y su Dios. Pues, como he dicho antes, nunca hubo ni habrá criatura tan pura o tan profundamente inmersa en la amorosa contemplación de Dios que no se acerque a Él en esta vida a través de esta suave y maravillosa nube del no-saber. Y fue esta misma nube donde María dirigió el oculto anhelo de su amante corazón. ¿Por qué? Porque es la parte mejor y más santa de la vida contemplativa que es posible al hombre y no la hubiera cambiado por nada de esta tierra. Aun cuando Marta se quejara a Jesús, regañándole por no ordenarle que se levantase y la ayudase en la tarea, María permanecía allí muy quieta e imperturbable, sin mostrar el más mínimo resentimiento contra Marta por su regaño. Pero esto en realidad no ha de sorprendernos, pues estaba totalmente absorta en otra actividad, totalmente desconocida para María, y no tenía tiempo de comunicárselo a su hermana o de defenderse.

¿No ves, amigo mío, que todo este incidente relativo a Jesús y a las dos hermanas era una lección para las personas activas y contemplativas de la Iglesia de todos los tiempos? María representa la vida contemplativa, y todos los contemplativos deberían modelar sus vidas en la suya. Marta representa la vida activa, y todas las personas activas deberían tomarla como su guía.

CAPÍTULO XVIII. Cómo hasta el presente las personas activas critican a las contemplativas por ignorancia, lo mismo que Marta criticó a María

Así como Marta se quejó de María, de la misma manera en todo tiempo las personas activas se han quejado de las contemplativas. Sucede con mucha frecuencia que la gracia de la contemplación surge en personas de todo estado y condición de vida, tanto religiosos como seglares. Pero cuando después de bucear en su propia conciencia y buscar un consejo seguro deciden consagrarse de lleno a la contemplación, su familia y sus amigos descargan sobre ellos una tormenta furiosa de crítica tachándolos severamente de vagos. Estas personas desenterrarán toda clase de chismes horribles, verdaderos o falsos, en torno a aquellos que emprendieron esta forma de vida y acabaron en terribles males. Con toda seguridad, no tienen nada bueno que contar.

Es cierto que muchos que aparentemente habían dejado las vanidades mundanas siguieron después malos caminos. Existe siempre este peligro. Estas personas que deberían haber entrado al servicio de Dios como sus contemplativos terminaron siendo esclavos del demonio y contemplativos del diablo porque rehusaron escuchar el consejo de los auténticos guías espirituales. Se convirtieron en hipócritas o herejes y cayeron en delirios y otras perversidades que les llevaron a difamar la santa Iglesia. Dudo si proseguir en torno a esto ahora, por miedo a oscurecer nuestro tema. Pero después, Dios mediante, si veo que es necesario, te diré algunas de las causas y circunstancias de su caída. Dejemos por el momento el tema y sigamos con nuestro argumento.

CAPÍTULO XIX. Breve defensa del autor en que enseña que los contemplativos han de excusar a las personas activas que se quejan de ellos

Quizá pienses que he insultado a Marta, uno de los amigos especiales de Dios, comparándola con las personas mundanas que critican a los contemplativos, o por haberlos comparado con ella. En realidad, no quería ofender a ninguno de ellos. No permita Dios que yo diga algo en este libro que condene a alguno de los amigos de Dios en cualquier grado de santidad en que se encuentre, ni a uno solo de sus santos. Pues creo en verdad que debemos excusar a Marta por quejarse, teniendo en cuenta el tiempo y las circunstancias del incidente. No se daba cuenta entonces de lo que María estaba haciendo. Tampoco ha de sorprender, pues dudo que hubiera oído hablar alguna vez de la posibilidad de tal perfección. Además, fue cortés y breve en su queja, y por eso creo que debe quedar completamente excusada.

Pienso igualmente que los críticos con mentalidad mundana que encuentran faltas a los contemplativos han de ser también perdonados en atención a su ignorancia, aun cuando a veces son también desconsiderados. Así como Marta era ignorante de lo que decía cuando protestaba ante el Señor, de la misma manera estas personas entienden poco o nada sobre la vida contemplativa. Les exaspera el ardor de los jóvenes que buscan a Dios. No pueden comprender cómo estos jóvenes pueden abandonar su carrera y oportunidades y aprestarse con sencillez y sinceridad de corazón a ser amigos de Dios. Estoy seguro de que si algo de esto tuviera sentido para ellos, no se comportarían como lo hacen. Y por lo mismo, creo que debemos excusarlos. Sólo han experimentado una forma de vida -la suya propia- y no pueden imaginar otra. Por otra parte, cuando recuerdo los caminos en que he fracasado por ignorancia, pienso que debo ejercer una amable tolerancia hacia los demás. De lo contrario no los trataría como yo quiero que me traten.

CAPÍTULO XX. Que de un modo espiritual Dios todopoderoso defenderá a todos los que por su amor no abandonen su contemplación para defenderse a sí mismos

Pienso que los que se esfuerzan por ser contemplativos no sólo deberían perdonar a todos los que se quejan de ellos, sino que han de estar tan ocupados en su propio trabajo que ni siquiera se den cuenta de lo que se dice o se hace a su alrededor. Es lo que hizo María, y por eso es nuestro modelo. Si seguimos su ejemplo, Jesús hará ciertamente por nosotros lo que hizo por ella.

¿Y qué fue lo que hizo? Recordarás que Marta urgía a Jesús a que reprendiese a María; a que le dijera que se levantara y la ayudara en la faena. Pero nuestro Señor Jesucristo, que discernía los pensamientos secretos de todos los corazones, comprendió perfectamente que María estaba inmersa en una contemplación amorosa de su divinidad, y por eso se puso de su parte. Con una cortés delicadeza propia de su bondad, contestó por ella ya que su amor por Él no le permitía dejarle el tiempo suficiente para contestarle por sí misma. ¿Y qué le dijo? Marta había apelado a Él como a juez, pero Él le contestó más que como juez. Habló como defensor legal de María puesto que esta le amaba tanto. *Marta, Marta*, le dijo. La llamó dos veces por su nombre para cerciorarse de que le escuchaba y se detuvo lo suficiente para que prestara atención a lo que le iba a decir: *Te ocupas y te turbas por muchas cosas*. Esto indica que las personas activas están siempre ocupadas e interesadas por un sinfín de asuntos relativos primeramente a sí mismas y después a sus hermanos cristianos según lo exige el amor. Quería que Marta se diera cuenta de que su obra era importante y valiosa para su desarrollo espiritual. Añadió, sin embargo, para que no concluyera que era la mejor obra posible: *Una sola cosa es necesaria*. ¿Y qué crees que es esta sola cosa? Se refería, sin duda, a la obra del amor y de la alabanza de Dios por si mismo. No hay obra mayor. Quería, finalmente, que Marta comprendiera que no es posible dedicarse enteramente a esta obra y a la acción al mismo tiempo. Las preocupaciones de cada día y la vida contemplativa no pueden combinarse adecuadamente aunque puedan unirse de una forma incompleta. Para aclarar esto, añadió: *María ha elegido la mejor parte, que no le será quitada*. Pues la obra del perfecto amor que comienza aquí en la tierra es la misma que el amor que es vida eterna; son una sola cosa.

CAPÍTULO XXI. Una verdadera explicación del pasaje evangélico: María ha elegido la mejor parte

María ha elegido la mejor parte. ¿Qué significa esto? Siempre que hablamos de lo mejor, suponemos algo bueno y algo mejor. Lo mejor es el grado superlativo. ¿Cuáles son, pues, las opciones de las que María eligió la mejor? No hay tres formas de vida puesto que la santa Iglesia sólo habla de dos: la activa y la contemplativa. No, el significado más profundo del relato evangélico de san Lucas que acabamos de considerar es que Marta representa la vida activa y María la contemplativa, siendo la primera absolutamente necesaria para la salvación. Por eso, cuando se impone una opción entre dos, una de ellas no puede llamarse la mejor.

Con todo, aunque la vida activa y contemplativa son dos formas de vida dentro de la santa Iglesia, sin embargo, dentro de ellas tomadas en conjunto, hay tres partes, tres grados ascendentes. Ya hemos hablado de ellos, pero los resumiré aquí brevemente. El primer grado o escalón es la buena y recta vida cristiana en la que el amor es predominantemente activo en las obras corporales de misericordia. En el segundo, una persona comienza a meditar en las verdades espirituales relativas a sus propios pecados, a la Pasión de Cristo y a los goces de la eternidad. La primera forma de vida es buena, pero la segunda es mejor, pues aquí comienzan a converger la vida activa y la contemplativa. Se mezclan en una especie de parentesco, llegando a ser hermanas, como Marta y María. Tanto es así que una persona activa no puede progresar en la contemplación, excepto en intervenciones ocasionales de una gracia especial. Y un contemplativo puede volver a medio camino -pero no más lejos- para emprender alguna actividad. No lo debería hacer, sin embargo, a no ser en raras ocasiones y por exigencia de una gran necesidad. En el tercer grado o escalón una persona entra en la oscura nube del no- saber donde en secreto y sola centra todo su amor en Dios. El primer grado es bueno; el segundo, mejor, pero el tercero es el mejor. Esta es la mejor parte correspondiente a María. Ahora resulta claro por qué nuestro Señor no dijo a Marta: María ha elegido la vida mejor. Sólo hay dos modos de vida y, como dije, cuando una elección es sólo entre dos, una no puede llamarse la mejor. Pero nuestro Señor dice: *María ha elegido la mejor parte, que no le será quitada.*

Las partes primera y segunda son buenas y santas pero desaparecerán con el paso de esta vida mortal. Pues en la eternidad no habrá necesidad de obras de misericordia como la hay ahora. La gente no tendrá hambre ni sed, ni morirá de frío o de enfermedad, sin hogar o cautiva. Nadie necesitará una sepultura cristiana, pues no morirá nadie. En el cielo ya no habrá que lamentarse por nuestros pecados o por la Pasión de Cristo. Por eso, si la gracia te llama a elegir la tercera parte, elígela con María. O, más bien, déjame que te muestre el camino. Si Dios te llama a la tercera parte, trata de alcanzarla; trabaja por conseguirla con todo tu corazón. Nunca se te quitará, pues no tendrá fin. Aunque comienza en la tierra, es eterna.

Replicaré con las palabras del Señor a las personas activas que se quejan de nosotros. Que hable Él por nosotros como lo hizo por María cuando dijo: Marta, Marta. Dice: Oíd, todos los que vivís la vida activa: sed diligentes en las obras de la primera y segunda parte, trabajando ora en una, ora en otra. Y si os sentís inclinados, acometed intrépidamente las dos. Pero no os metáis con mis amigos contemplativos, pues no entendéis lo que les aflige. No les recriminéis el ocio de la tercera y mejor parte que es la de María.

CAPÍTULO XII. Del maravilloso amor que Cristo tuvo por María Magdalena, que representa a todos los pecadores verdaderamente arrepentidos y llamados a la contemplación

Dulce fue el amor entre María y Jesús. ¡Cómo le amaba! ¡Y cuánto más la amaba Él! No tomes el relato evangélico a la ligera como si fuera un cuento superficial. Describe su mutua relación con toda verdad. Al leerlo, ¿quién no ve que ella le amaba intensamente, sin reservarse nada de su amor y rechazando a cambio toda comodidad que no fuera la de su amor? Es la misma María que le buscó llorando ante la tumba aquella primera mañana de Pascua. Los ángeles le hablaron entonces suavemente: *No llores, María*, le dijeron. *Pues el Señor a quien buscas ha resucitado, como dijo. Va delante de vosotros a Galilea. Allí le veréis con sus discípulos, como os prometió.* Pero los mismos ángeles fueron incapaces de tranquilizarla o de detener sus lágrimas. Difícilmente podían los ángeles confortar a quien había salido al encuentro del Rey de los ángeles.

¿Debo continuar? Sin duda, cualquiera que estudie la Escritura encontraría muchos ejemplos del amor total de María hacia Cristo registrados allí para nuestro provecho. Ellos confirmarán lo que vengo diciendo. De hecho, podría pensarse que fueron escritos especialmente para los contemplativos. Y así lo fueron para todo aquel que tenga el suficiente discernimiento para ver. Cualquiera que reconozca en el amor hermoso y personal de nuestro Señor hacia María Magdalena el amor maravilloso e incomparable que tiene por todos los pecadores arrepentidos y dedicados sinceramente a la contemplación, habrá de reconocer por qué no pudo tolerar que ninguno -ni siquiera su hermana- hablara contra ella sin salir Él mismo en su defensa. Si, y todavía hizo más. Pues en otra ocasión increpó a su huésped, Simón el Leproso, en su misma casa, por el simple hecho de haber pensado mal de ella. Grande en verdad fue su amor; ciertamente no fue superado.

CAPÍTULO XXIII. Que en el camino espiritual Dios contestará por y cuidará de todos aquellos que no abandonan su contemplación para responder por y cuidarse de sí mismos

Te aseguro que si con la gracia de Dios y un consejo fiable nos esforzamos con toda el alma en modelar nuestro amor y nuestra vida a imagen de los de María Magdalena, nuestro Señor nos defenderá como la defendió a ella. Todo el que piense o hable contra nosotros sentirá el reproche del Señor en lo secreto de su conciencia. Esto no quiere decir que no tendremos nada que aguantar. Tendremos que sufrir mucho, como María. Pero digo que si no prestamos atención a ello y proseguimos pacíficamente nuestra obra contemplativa a pesar de las críticas, como ella lo hizo, nuestro Señor reprenderá a los que nos hieren en lo profundo de sus corazones. Si son personas sinceras y abiertas, no dudarán en sentirse avergonzadas de sus pensamientos y palabras en pocos días.

Y así como Él vendrá en nuestra ayuda espiritual, de la misma manera incitará a otros a procurarnos comida y vestido y satisfacerá las necesidades de la vida cuando vea que no dejamos la obra del amor para atender a tales cosas por nosotros mismos. Digo esto especialmente para refutar a los que erróneamente sostienen que nadie se puede dedicar a la vida contemplativa sin haber provisto antes a todas sus necesidades materiales. Dicen: Dios envía la vaca, pero no por el cuerno. Pero interpretan falsamente a Dios y ellos lo saben. Pues Dios nunca defrauda a los que verdaderamente abandonan los intereses mundanos para dedicarse a Él. Puedes estar cierto de esto: Él proporcionará una de las dos cosas a sus amigos. O recibirán en abundancia todo lo que necesiten, o les dará aguante físico y un corazón paciente para soportar la necesidad. ¿Qué más da que haga lo uno o lo otro? Le es todo lo mismo al verdadero contemplativo. Todo el que pone en duda esto, demuestra que el maligno ha robado la fe de su corazón o que todavía no está tan totalmente entregado a Dios como debiera, a pesar de ingeniosas y estudiadas apariencias en contrario.

Vuelvo a repetir una vez más a todo aquel que quiera ser un auténtico contemplativo como María: deja que sea la maravillosa trascendencia y bondad de Dios la que te enseñe la humildad, mejor que el pensamiento de tus propios pecados, pues entonces tu humildad será perfecta. Atiende más a la soberanía absoluta de Dios que a tu propia miseria. Y recuerda que los que son perfectamente humildes no carecerán de nada de cuanto necesitan, sea en el orden espiritual o material. Dios les pertenece y Él es su todo. Quien posee a Dios, como atestigua este libro, no necesita otra cosa en esta vida.

CAPÍTULO XXIV. Que sea la caridad en sí misma; y cómo se contiene sutil y perfectamente en el amor contemplativo

Hemos visto que la perfecta humildad es una parte integral del puro y ciego amor del contemplativo. Siendo todo él impulso hacia Dios, este simple amor golpea incesantemente sobre la oscura nube del no-saber, dejando todo pensamiento discursivo bajo la nube del olvido. Y así como el amor contemplativo fomenta la perfecta humildad, de la misma manera crea la bondad práctica, especialmente la caridad. Pues en la caridad verdadera uno ama a Dios por si mismo, por encima de todo lo creado, y ama a su hermano el hombre por que esta es la ley de Dios. En la obra contemplativa, Dios es amado por encima de toda criatura pura y simplemente por Él mismo.

En realidad, el verdadero secreto de esta obra no es otra cosa que un puro impulso hacia Dios por ser Él quien es. Lo llamo puro impulso porque es totalmente desinteresado. En esta obra el perfecto artesano no busca el beneficio personal o verse exento del sufrimiento. Desea sólo a Dios y a Él solo. Está tan fascinado por el Dios que ama y tan preocupado porque se haga su voluntad en la tierra, que ni se da cuenta ni se preocupa de su propia comodidad o ansiedad. Y esto porque, a mi juicio, en esta obra Dios es realmente amado perfectamente y por ser Él quien es. Pues un verdadero contemplativo no debe compartir con ninguna otra creatura el amor que debe a Dios.

En la contemplación, además, también se cumple totalmente el segundo mandamiento de la caridad. Los frutos de la contemplación son testigos de esto aun cuando durante el tiempo real de la oración el contemplativo avezado no dirija su mirada a ninguna persona en particular, sea hermano o extraño, amigo o enemigo. En realidad, ningún hombre le es extraño, porque considera a cada uno como hermano. Y nadie es su enemigo. Todos son sus amigos. Incluso aquellos que le hieren o le ofenden en la vida diaria son tan queridos para él como sus mejores amigos y todos los buenos deseos hacia sus mejores amigos se los desea a ellos.

CAPÍTULO XXV. Que durante el tiempo de la oración contemplativa, el perfecto contemplativo no centra su atención en ninguna persona en particular

Ya he explicado que durante esta actividad un verdadero contemplativo no se detiene en el pensamiento de ninguna persona en particular, sea amigo, enemigo, extraño o familiar. Pues todo aquel que desea ser perfecto en ella ha de olvidarse de todo excepto de Dios.

No obstante, por medio de la contemplación va creciendo en amor y bondad prácticas, de manera que, cuando habla o reza con sus hermanos cristianos en otros momentos, el calor de su amor les alcanza también a ellos sean amigos, enemigos, extraños o familiares. Si existe alguna parcialidad, es más probable que exista hacia su enemigo que hacia su amigo. (No es que nunca abandone totalmente la contemplación -esto no podría hacerse sin un gran pecado-, pero a veces la caridad le exigirá que descienda de las alturas de su obra para hacer algo en favor de sus semejantes).

Pero en la actividad contemplativa misma, no distingue entre amigo y enemigo, hermano o extraño. Con ello, sin embargo, no quiero dar a entender que haya que dejar de sentir un afecto espontáneo hacia unos pocos que le son especialmente íntimos. Lo sentirá, naturalmente, y con frecuencia. Esto es perfectamente natural y legítimo por muchas razones que sólo el amor conoce. Recuerda que Cristo mismo tuvo especial amor por Juan, María y Pedro. Lo que quiero destacar es que durante la actividad contemplativa todos le son igualmente queridos, puesto que es Dios quien le mueve a amarlos. Ama a todos los hombres simple y llanamente por Dios; y los ama como él se ama a sí mismo.

Todos los hombres se perdieron por el pecado de Adán, pero todos aquellos que por su buena voluntad manifiestan un deseo de ser salvados, serán salvados por la muerte redentora de Cristo. Una persona profundamente comprometida en la contemplación participa en el sufrimiento redentor de Cristo, no exactamente como sufrió Cristo, sino de una manera similar a la de Cristo. Pues en la verdadera contemplación la persona es una con Dios en un sentido espiritual y hace todo lo que está en su mano para atraer a otros a la contemplación perfecta. Sabes que todo tu cuerpo comparte el dolor o el bienestar sentido por cada una de sus partes porque es una unidad. En sentido espiritual, todos los cristianos son partes del único cuerpo de Cristo. En la Cruz se sacrificó a sí mismo por su cuerpo, la Iglesia. Quien desee seguir a Cristo de una manera perfecta, ha de estar dispuesto también a entregarse a la obra espiritual del amor para la salvación de todos sus hermanos y hermanas de la familia humana. Repito, no sólo por sus amigos y su familia y aquellos que le son más queridos, sino que también ha de trabajar para la salvación de toda la humanidad con afecto universal. Pues Cristo murió para salvar a todo el que se arrepiente de sus pecados y busca la misericordia de Dios.

Ves, por tanto, que el amor contemplativo es tan refinado e integral que incluye en sí mismo la perfecta humildad y la caridad. Por las mismas razones y en el mismo sentido, incluye también todas las demás virtudes.

CAPÍTULO XVI. Que sin una gracia especial o una prolongada fidelidad a la gracia ordinaria, la oración contemplativa es muy difícil; que esta obra es sólo posible con la gracia, que es la obra de Dios

Así, pues, entrégate a la tarea de la contemplación con sincera generosidad. Golpea sobre esta alta nube del no-saber y desecha el pensamiento del descanso. Pues te digo con franqueza que todo aquel que desea ser contemplativo experimentará el dolor de la ardua tarea (a menos que Dios intervenga con una gracia especial); sentirá agudamente el precio del constante esfuerzo hasta que se haya ido acostumbrando a esta obra durante largo tiempo.

Pero, dime, ¿por qué habría de ser tan difícil? Sin duda, el amor ferviente despertándose de continuo en la voluntad no es doloroso. No, pues es la acción de Dios, el fruto de su poder omnipotente. Dios, además, ansía siempre trabajar en el corazón de quien ha hecho todo lo posible para preparar el camino a su gracia.

Entonces, ¿por qué es esta obra tan fatigosa? El trabajo, por supuesto, consiste en la incesante lucha para desterrar los innumerables pensamientos que distraen e importunan nuestra mente y tenerlos a raya bajo la nube del olvido, de que he hablado anteriormente. Este es el sufrimiento. Toda la lucha nace del lado del hombre, del esfuerzo que ha de hacer para prepararse a la acción de Dios, acción que consiste en suscitar el amor y que sólo Él puede llevar a cabo. Pero tú persevera, haciendo tu parte, y yo te prometo que Dios no te fallará.

Mantente, pues, fiel a esta obra. Quiero ver cómo progresas. ¿No ves cómo te ayuda pacientemente el Señor? ¡Ruborízate de vergüenza! Aguanta la opresión de la disciplina durante un tiempo y pronto remitirán la dificultad y el peso. Al comienzo te sentirás probado y oprimido, pero es porque todavía no has experimentado el gozo interior de esta obra. A medida que pase el tiempo, sin embargo, sentirás por ella un gozoso entusiasmo y entonces te parecerá ligera y fácil. Entonces te sentirás poco o nada constreñido, pues Dios trabajará a veces en tu espíritu por sí mismo. Pero no siempre y por mucho tiempo sino según le parezca a Él mejor. Cuando haga que tú goces y seas feliz, déjale que obre como quiera.

Entonces quizá pueda tocarte con un rayo de su divina luz que atravesaría la nube del no-saber que está entre Él y tú. Te permitirá vislumbrar algo de los secretos inefables de su divina sabiduría y tu afecto parecerá arder con su amor. No sé decir más, ya que la experiencia va mucho más allá de las palabras. Aun cuando quisiera decir más, no podría hacerlo ahora. Pues temo no poder describir la gracia de Dios con mi torpe y desmañada lengua. En una palabra, aún en el caso de intentarlo, no lo conseguiría.

Pero cuando la gracia surge en el espíritu de un hombre, este ha de poner su parte para responder a ella, y es esto lo que quiero ahora discutir contigo. Hay menos riesgo en hablar de esto.

CAPÍTULO XXVII. Quién ha de comprometerse en la obra de la contemplación

En primer lugar y sobre todo quiero dejar claro quién ha de emprender la obra contemplativa, cuándo es apropiado hacerlo y cómo ha de proceder la persona en cuestión. Quiero darte también algunos criterios para el discernimiento en esta obra.

Si me preguntas quién ha de emprender la contemplación, te contestaré: todos los que se han apartado sinceramente del mundo y han dejado de lado las preocupaciones de la vida activa. Estas personas, aun cuando hayan sido durante algún tiempo pecadoras habituales, se deberían entregar a fomentar la gracia de la oración contemplativa.

CAPÍTULO XVIII. Que el hombre no debe atreverse a iniciar la contemplación hasta haber purificado su conciencia de todo pecado particular según la ley de la Iglesia

Si me preguntas cuándo ha de comenzar una persona la obra de contemplación, te contestaré: no hasta haber purificado su conciencia de todos los pecados particulares en el sacramento de la Penitencia como prescribe la Iglesia.

Después de la Confesión seguirá existiendo la raíz y la tierra de la que brota el mal en su corazón, a pesar de todos sus esfuerzos, pero la obra del amor los curará cierta y totalmente. Por eso, esta persona deberá limpiar primero su conciencia en la Confesión. Pero, una vez que ha hecho lo que la Iglesia prescribe, ha de comenzar sin miedo la obra contemplativa, pero con humildad, dándose cuenta de que ha tardado en llegar a ella. Pues, incluso los que no tienen conciencia de pecado grave, deberían emplear toda su vida en esta obra, ya que mientras estamos en estos cuerpos mortales experimentaremos la impenetrable oscuridad de la nube del no-saber que está entre Dios y nosotros. Además, y a causa del pecado original, sufriremos siempre el peso de nuestros errantes pensamientos, que tratarán de apartar nuestra total atención de Dios.

Este es precisamente el castigo del pecado original. Antes de pecar, el hombre era dueño y señor de todas las criaturas, pero sucumbió a la perversa sugestión de tales criaturas y desobedeció a Dios. Y ahora, al querer obedecer a Dios, siente la traba de las cosas creadas. Le acosan como plagas arrogantes a medida que trata de llegar a Dios.

CAPÍTULO XXIX. Que el hombre ha de perseverar pacientemente en la obra de contemplación, soportando alegremente sus sufrimientos y sin juzgar a nadie

Quien desee recuperar la pureza del corazón perdida por el pecado y conseguir esa integridad personal que está por encima de todo sufrimiento, ha de luchar pacientemente en la actividad contemplativa y mantenerse en el trabajo, haya sido pecador habitual o no. Pecadores e inocentes sufrirán en esta tarea, aunque obviamente los pecadores sentirán más el sufrimiento. Sucede, sin embargo, con frecuencia, que muchos que han sido grandes y habituales pecadores llegan antes a la perfección de ella que aquellos que nunca han pecado gravemente. Dios es verdaderamente maravilloso al derramar su gracia en aquellos que elige; el mundo se queda abrumado, aturdido, ante un amor como este.

Y creo que el día del juicio final será realmente glorioso, pues la bondad de Dios brillará claramente en todos sus dones de gracia. Algunos de los que ahora son menospreciados y despreciables (y que quizá son pecadores reincidentes) reinarán aquel día gloriosamente con sus santos. Y quizá algunos de los que nunca han pecado gravemente y que ante los demás aparecen como personas piadosas, venerados como buenos por otras personas, se encontrarán en la miseria entre los condenados.

Lo que quiero resaltar es que en esta vida ningún hombre puede juzgar a otro como bueno o malo por la simple evidencia de sus obras. Las obras en sí mismas son otra cuestión. Podemos juzgarlas como buenas o malas, pero no a la persona.

CAPÍTULO XXX. Quién tiene el derecho de juzgar y censurar las faltas de los demás

Pero, podemos preguntar, ¿hay alguien que pueda juzgar la vida de otro hombre? Sí, naturalmente, el que tiene la autoridad y la responsabilidad del bien espiritual de los demás puede con todo derecho censurar las obras de los hombres. Un hombre puede recibir oficialmente este poder por medio de un decreto y la ordenación de la Iglesia, o es posible que el Espíritu Santo pueda inspirar a un individuo particular bien fundado en el amor el asumir este oficio. Pero que cada uno esté muy atento a no arrogarse a símismo el deber de censurar las faltas de los demás, porque está expuesto a un gran error. Otra cuestión es si en la contemplación un hombre realmente es inspirado a hablar.

Por eso te advierto que lo pienses dos veces antes de emitir un juicio sobre la vida de los demás hombres. En la intimidad de tu propia conciencia júzgate a tí mismo como te ves delante de Dios o ante tu padre espiritual, pero no te metas en la vida de los demás.

CAPÍTULO XXXI. Cómo han de conducirse los principiantes en la contemplación con respecto a sus pensamientos e inclinaciones al pecado

Cuando creas que has hecho lo que has podido para enmendar tu vida de acuerdo con las leyes de la Iglesia, entrégate apasionadamente a la actividad contemplativa. Y si el recuerdo de tus pecados pasados o la tentación de cometer otros nuevos rondaran tu mente, formando un obstáculo entre ti y tu Dios, aplástalos con tus pies y pasa con decisión por encima de ellos. Intenta sepultar el pensamiento de estas obras bajo la espesa nube del olvido como si tú o cualquier otro nunca las hubiera realizado. En una palabra: tan pronto como surjan estos pensamientos, habrás de rechazarlos. Si llegares a sentirte duramente fatigado probablemente comenzarás a investigar las técnicas, los métodos y las secretas sutilezas de las ciencias ocultas para que te ayuden a controlarlos. Pero, créeme, las técnicas para controlar tus pensamientos se aprenden mejor de Dios a través de la experiencia que de cualquier hombre en esta vida.

CAPÍTULO XXXII. De dos recursos espirituales que pueden aprovechar a los principiantes en la contemplación

Te hablaré también un poco sobre dos técnicas para dominar las distracciones. Pruébalas y mejóralas si puedes.

Cuando te sientas molestado por pensamientos impertinentes, trata de no enterarte de su presencia ni de cómo se han colado entre ti y tu Dios. Mira más allá de ellos -por encima de sus hombros, como si dijéramos- como si estuvieras contemplando algo distinto, como así es en verdad. Pues más allá de ellos está oculto Dios en la oscura nube del no-saber. Haz esto y estate seguro de que pronto te sentirás aliviado de la angustia que te producen. Te puedo garantizar la ortodoxia de esta técnica, porque en realidad significa un anhelo hacia Dios, un ansia de verlo y gustarlo en cuanto es posible en esta vida. Y un deseo como este ya es amor, que siempre trae paz.

Existe otra estrategia que deberías intentar también. Cuando te sientas totalmente exhausto de luchar contra tus pensamientos, dite a ti mismo: *Es inútil luchar más con ellos*, y después ríndete a sus pies como un cobarde o cautivo. Pues, al hacer esto, te encomiendas a Dios en medio de tus enemigos y admites la radical impotencia de tu naturaleza. Te aconsejo que recuerdes esta estratagema particular, pues al emplearla te haces completamente dócil en las manos de Dios. Y ciertamente, cuando esta actitud es auténtica, equivale a un autoconocimiento, ya que te ves a ti mismo como realmente eres, una miserable y corrompida criatura, menos que nada sin Dios. Es, en realidad, una humildad experiencial. Cuando Dios te ve apoyado sólo en esta verdad, no puede menos que apresurarse a ayudarte desquitándose en tus enemigos. Luego como padre que corre a rescatar a su hijo pequeño de las mandíbulas del jabalí o de los osos salvajes, te cogerá y te estrechará en sus brazos, enjugando tiernamente tus lágrimas espirituales.

CAPÍTULO XXX. Que la persona se purifica de sus pecados particulares y de sus consecuencias por medio de la contemplación; sin embargo, nunca llega a la seguridad perfecta en esta vida

No entraré ahora directamente en otras técnicas. Si dominas estas, creo que estarás más capacitado para enseñarme a mi que yo a ti. Pues, a pesar de que todo lo que te he dicho es cierto, estoy muy lejos de ser un experto en ellas. Por eso espero sinceramente que me puedas ayudar progresando tú mismo en ellas.

Te animo a que te mantengas durante algún tiempo en esta tarea y si no puedes dominar inmediatamente estas técnicas, aguanta pacientemente el sufrimiento de las distracciones. Pero tu sufrimiento pasará y Dios comenzará a enseñarte sus propios métodos por medio de su gracia y a través de la experiencia. Entonces sabré que has sido purificado del pecado y de sus efectos; de los efectos de tus propios pecados personales, es decir, no de los del pecado original. Pues las secuelas del pecado original te asediarán hasta la tumba, a pesar de tus esfuerzos. No te molestarán tanto, sin embargo, como los efectos de tus pecados personales. Has de comprender, no obstante, que en esta vida no podrás vivir sin gran angustia. Por lo que respecta al pecado original, cada día te traerá alguna nueva tentación al mal que habrás de derribar y cercenar con la vehemente espada de doble filo del discernimiento. La experiencia te enseñará que en esta vida no hay absoluta seguridad ni paz duradera.

Pero no cedas nunca ni te pongas demasiado nervioso por la posible caída. Pues si tienes la gracia de dominar los efectos de tus pecados personales con la ayuda de los recursos que he descrito (o si puedes con otras formas mejores), confía en que los efectos del pecado original y demás tentaciones que puedan derivarse de ellos apenas habrán de impedir tu crecimiento.

CAPÍTULO XXXIV. Que Dios da el don de la contemplación libremente y sin recurrir a métodos; los métodos solos nunca pueden suscitarla

Si me preguntas ahora cómo se ha de proceder para realizar la obra contemplativa del amor, me pones en un aprieto. Todo lo que puedo decir es que pido a Dios todopoderoso que en su gran bondad y dulzura te enseñe Él mismo. Pues debo admitir con toda honradez que yo no lo sé. Y no te has de extrañar, pues es una actividad divina y Dios puede realizarla en cualquiera que elija. Nadie puede merecerla. Por paradójico que pueda parecer, ni siquiera puede ocurrírsele a persona alguna no, ni a un ángel ni a un santo, el desear el amor de contemplación en caso de que no estuviera ya vivo en él. Creo también que, con frecuencia, llama el Señor deliberadamente a trabajar en esta obra a los que han sido pecadores habituales con preferencia a aquellos que, en comparación, nunca le ofendieron gravemente. Sí, parece que lo hace con mucha frecuencia. Pues pienso que quiere hacernos comprender que es todo misericordia y poder, y que es perfectamente libre para obrar cómo, dónde y cuándo le plazca. No da, sin embargo, su gracia ni realiza esta obra en una persona que no tenga aptitud para ella. Pero una persona que no tiene capacidad de recibir su gracia no la alcanzará tampoco a través de sus propios esfuerzos. Nadie, ni pecador ni inocente, puede conseguirla. Pues esta gracia es un don, y no se da a la inocencia ni es negada al pecado. Advierte que digo negada, no retirada.

Cuidado con el error aquí te lo suplico. Recuerda que cuanto más cerca está el hombre de la verdad, más sensible ha de ser al error. La advertencia que hago es correcta, pero si ahora no puedes captarla, déjala hasta que Dios te ayude a entenderla. Haz como te digo y no te devanes los sesos. ¡Alerta con el orgullo! Es una blasfemia contra Dios en sus dones y hace al pecador temerario. Si fueras realmente humilde entenderías lo que intento decir. La oración contemplativa es don de Dios, totalmente gratuito. Nadie puede merecerlo. Corresponde a la naturaleza de este don el que, quien lo recibe, reciba también la aptitud correspondiente. Nadie puede tener la aptitud sin el don mismo. La aptitud para esta obra se identifica con la obra misma; son idénticas. Quien experimenta la acción de Dios en lo hondo de su espíritu tiene la aptitud para la contemplación y no otra cosa. Sin la gracia de Dios una persona sería tan insensible a la realidad de la oración contemplativa que sería incapaz de desearla o buscarla. La posees en la medida en que deseas poseerla, ni más ni menos. Pero nunca deseas poseerla hasta que aquel que es inefable e incognoscible te mueve a desear lo inefable e incognoscible. No seas curioso por saber más, te lo suplico. Sé constantemente fiel a esta obra hasta que llegue a ser toda tu vida.

Para expresarlo de una manera más simple, deja que la gracia misteriosa actúe en tu espíritu como quiera y síguela donde te lleve. Que ella sea el agente activo y tú el receptor pasivo. No te interfieras con ella (como si te fuera posible aumentar la gracia), más bien déjala actuar, no sea que la estropees totalmente. Tu parte es la de la madera con respecto al carpintero o la casa en relación al que la habita. Permanece ciego durante este tiempo desechando todo deseo de conocer, ya que el conocimiento es aquí un obstáculo. Conténtate con sentir cómo se despierta suavemente en lo hondo de tu espíritu esta gracia misteriosa. Olvídate de todo excepto de Dios y fija en Él tu puro deseo, tu anhelo despojado de todo interés propio. Si esto de que hablo forma parte de tu experiencia, entonces llénate de confianza porque realmente es Dios, y Él solo, quien despierta tu voluntad y deseo. Él no necesita técnicas ni tu asistencia. No tengas miedo del maligno, pues él no se atreve a acercarse a ti. Por astuto que sea, es incapaz de violar el santuario interior de tu voluntad, si bien algunas veces puede atentarlo por medios indirectos. Ni siquiera un ángel puede tocar directamente tu voluntad. Sólo Dios puede entrar aquí.

Estoy tratando de aclarar con palabras lo que la experiencia enseña más convenientemente: que las técnicas y métodos son en última instancia inútiles para despertar el amor contemplativo.

Es inútil venir a esta actividad armado con ellos. Pues todos los buenos métodos y medios dependen de Él, mientras que Él no depende de nada.

CAPÍTULO XXXV. De la lectura, el pensamiento y la oración, tres hábitos que ha de desarrollar el principiante en la contemplación

No obstante, todo aquel que aspira a la contemplación ha de cultivar el Estudio, la Reflexión y la Oración, o dicho de otra manera, la lectura, el pensamiento y la oración. Otros han escrito sobre estas disciplinas con más detenimiento de lo que yo puedo hacer aquí, por eso no hay necesidad de que trate de ellas ahora en detalle. Pero diré esto a los que puedan leer este libro, tanto principiantes como un poco avanzados (aunque no a los muy expertos en la contemplación): estas tres cosas son tan interdependientes que es imposible pensar sin primero leer o -lo que es lo mismo- haber oído leer a otros. Pues la lectura y la audición son realmente una misma cosa; los sacerdotes aprenden leyendo libros y los no letrados aprenden de los sacerdotes que predican la palabra de Dios. Los principiantes y los poco avanzados que no se esfuerzan por meditar la palabra de Dios no deberían sorprenderse si son incapaces de orar. La experiencia confirma esto.

La palabra de Dios, hablada o escrita, es como un espejo. La razón es tu ojo espiritual, y la conciencia tu semblante espiritual. Y así como empleas un espejo para detectar un defecto en tu persona -y sin un espejo o alguien que te diga dónde está la paja no podrías descubrirla-, de la misma manera, en el orden espiritual, sin la lectura o la audición de la palabra de Dios, el hombre, ciego espiritualmente a causa de su pecado habitual, es incapaz de ver la mancha en su conciencia. Cuando una persona descubre en el espejo -o se entera por otra- que su cara está sucia, va inmediatamente a la fuente y se lava. De la misma manera, cuando un hombre de buena voluntad se ve a si mismo reflejado por las Escrituras o por la predicación de otros y se da cuenta de que su conciencia está manchada, corre inmediatamente a limpiarse. Si es una mala obra particular la que descubre, entonces la fuente que ha de buscar es la Iglesia y el agua que ha de aplicarse es la Confesión según la costumbre de la Iglesia. Pero si es la raíz ciega y la tendencia al pecado lo que ve, entonces la fuente que debe buscar es el Dios de toda misericordia y el agua que ha de emplear es la oración con todo lo que esto supone.

Por eso quiero que entiendas con claridad que para los principiantes y los poco avanzados en la contemplación, la lectura o la escucha ponderada de la palabra de Dios ha de ser lo primero, ya que sin un tiempo consagrado a la reflexión seria no puede haber oración genuina.

CAPÍTULO XXXVI. Del modo de meditar propio de los contemplativos

Los que, sin embargo, están continuamente ocupados en la contemplación, experimentan todo esto de modo diferente. Su meditación se parece más a una intuicián repentina o a una oscura certeza. Intuitiva y repentinamente se darán cuenta de sus pecados o de la bondad de Dios, pero sin haber hecho ningún esfuerzo consciente para comprender esto por medio de la lectura u otros medios. Una intuición como esta es más divina que humana en su origen.

De hecho, en este punto no me importa que dejes de meditar tanto en tu naturaleza caída como en la bondad de Dios. Supongo, naturalmente, que estás movido por la gracia y que has pedido consejo para dejar atrás estas prácticas. Pues entonces basta con centrar tu atención en una simple palabra tal como pecado o Dios (u otra que prefieras), y sin la intervención del pensamiento analítico puedes permitirte experimentar directamente la realidad que significa. No emplees la inteligencia lógica para examinar o explicarte esta palabra, ni consientas ponderar sus diferentes sentidos, como si todo ello te permitiera incrementar tu amor. No creo que el razonamiento ayude nunca en la contemplación. Por eso te aconsejo que dejes estas palabras tal cual, como un conjunto, por así decirlo. Cuando pienses en el pecado, no te refieras a ninguno en particular; sino sólo a ti mismo, y tampoco a nada particular en ti mismo. Creo que esta oscura conciencia global del pecado (refiriéndote sólo a ti mismo, pero de una manera indefinida, como a conjunto) puede incitarte a la furia de un animal salvaje enjaulado. Cualquiera que te observe, sin embargo, no notará ningún cambio en tu expresión y supondrá que estás perfectamente tranquilo y en orden. Sentado, caminando, echado, descansando, de pie o de rodillas aparecerás completamente relajado y en paz.

CAPÍTULO XXXXVII. De la oración personal propia de los contemplativos

El experto contemplativo, pues, no depende del razonamiento discursivo del mismo modo que los principiantes y los poco avanzados. Sus conocimientos surgen espontáneamente sin la ayuda del proceso intelectual, como intuiciones directas de la verdad. Algo similar puede decirse también de su oración. Hablo de su oración personal, no del culto litúrgico de la Iglesia, aunque no quiero dar a entender que se desprecia la oración litúrgica. Por el contrario, el verdadero contemplativo tiene la más alta estima de la liturgia y es cuidadoso y exacto en su celebración, siguiendo la tradición de nuestros padres. Pero estoy hablando ahora de la oración privada y personal del contemplativo. Esta, lo mismo que su meditación, es totalmente espontánea y no depende de métodos específicos de preparación.

Los contemplativos raras veces oran con palabras, y si lo hacen, son pocas. En realidad, cuanto menos mejor. Y además una palabra monosílaba es más adecuada a la naturaleza espiritual de esta obra que las largas. Pues desde ahora el contemplativo se ha de mantener continuamente presente en el más profundo e íntimo centro del alma. Déjame ilustrar lo que digo con un ejemplo tomado de la vida real. Si un hombre o mujer, aterrorizado por un repentino desastre, toca el límite de sus posibilidades personales, concentra toda su energía en un gran grito de auxilio. En circunstancias extremas como esta, una persona no se entrega a muchas palabras, ni siquiera a las más largas. Por el contrario, reuniendo toda su fuerza, expresa su desesperada necesidad en un grito agudo: ¡Socorro!. Y con esta exclamación suscita efectivamente la atención y la asistencia de los demás. De manera semejante, podemos entender la eficacia de una palabrita interior, que no llega a pronunciarse o pensarse, pero que surge desde lo hondo del espíritu de un hombre y que es la expresión de todo su ser. (Por lo hondo o profundidad entiendo lo mismo que altura, pues, en el ámbito del espíritu, altura y profundidad, largura y anchura, es lo mismo). Por eso esta simple oración que prorrumpe desde lo hondo de tu espíritu mueve el corazón de Dios todopoderoso con más seguridad que un largo salmo recitado mecánicamente en voz baja.

Este es el significado de aquel dicho de la Escritura: *Una breve oración penetra los cielos.*

CAPÍTULO XXXVIII. Cómo y por qué una breve oración penetra los cielos

¿Por qué supones que esta breve oración es tan poderosa como para penetrar los cielos? Sin duda, porque es la oración de todo el ser del hombre. Un hombre que ora como este, ora con toda la altura y profundidad, la largura y la anchura de su espíritu. Su oración es alta porque ora con todas las fuerzas de su espíritu; es profunda, porque ha reunido todo su pensamiento y comprensión en esta palabrita; es larga, porque si este sentimiento pudiera durar estaría gritando siempre como lo hace ahora; es ancha, porque con preocupación universal desea para todos lo que desea para sí mismo.

Con esta oración la persona llega a comprender con todos los santos la largura y la anchura, la altura y la profundidad del Dios eterno, misericordioso, omnipotente y omnisciente, como dice san Pablo. No totalmente, por supuesto, sino parcialmente y de esa manera oscura, característica del conocimiento contemplativo. La largura habla de la eternidad de Dios, la anchura de su amor, la altura de su poder y la hondura de su sabiduría. No ha de extrañarnos, pues, que cuando la gracia transforma de esta manera a una persona a imagen y semejanza de Dios, su creador, su oración es oída rápidamente. Y estoy seguro de que Dios oirá y ayudará siempre a todo hombre que ore como este; si aún cuando sea pecador y, por así decirlo, enemigo de Dios. Pero si su gracia le mueve a lanzar este angustiado grito desde la profundidad y la altura, la largura y la anchura de su ser, Dios le escuchará. Déjame ilustrar lo que estoy diciendo con otro ejemplo. Imagínate que en medio de la noche oyes gritar a tu peor enemigo con todo su ser ¡Socorro! o ¡Fuego!. Aun cuando este hombre fuera tu enemigo, ¿no te moverías de compasión por la agonía de ese grito y te lanzarías a ayudarle? Sí, por supuesto que lo harías. Y aunque estuvieras en lo más crudo del invierno te apresurarías a apagar el fuego o a calmar su angustia. ¡Dios mío! Si la gracia puede transformar de tal manera a un hombre hasta el punto de poder olvidar el odio y tener tal compasión por su enemigo, ¿qué no deberemos esperar de Dios cuando oiga gritar a una persona desde lo más alto y más bajo, desde lo largo y ancho de su ser? Pues Dios es por naturaleza la plenitud de cuanto nosotros somos por participación. La misericordia de Dios pertenece a la esencia de su ser; por eso decimos que es todo misericordia. Con toda seguridad, pues, podemos esperar confiadamente en Él.

CAPÍTULO XXXIX. Cómo ora el contemplativo avanzado; qué es la oración; y qué palabras son las más adecuadas a la naturaleza de la oración contemplativa

Hemos de orar, pues, con toda la intensidad de nuestro ser en su altura y profundidad, en su largura y anchura. Y no con muchas palabras sino con una palabrita.

Pero ¿qué palabra emplearemos? Ciertamente, la palabra más apropiada es aquella que refleja la naturaleza de la oración misma. ¿Y qué palabra es esa? Bueno, tratemos primero de determinar la naturaleza de la oración y luego quizá estemos en mejores condiciones de decidir.

En sí misma, la oración es simplemente una apertura reverente y consciente a Dios, llena del deseo de crecer en bondad y de superar el mal. Y ya sabemos que todo mal, sea por instigación o por obra, se resume en una palabra: *pecado*. Por eso, cuando deseamos ardientemente orar para la destrucción del mal no debemos decir, pensar y significar otra cosa que esta palabra: *pecado*. No se necesitan otras palabras. Y cuando queramos pedir la bondad, que todo nuestro pensamiento y deseo esté contenido en esta pequeña palabra:Dios. No se necesita nada más, ni otras palabras, pues Dios es el compendio de todo bien. Él es la fuente de todo bien, pues constituye su verdadero ser.

No te sorprendas de que ponga estas palabras por encima de todas las demás. Si supieras que hay otras palabras más pequeñas y que expresaran tan adecuadamente todo lo que es bueno y malo, o que Dios me hubiere enseñado otras, ciertamente las usaría. Y te aconsejo que tú hagas lo mismo. No te turbes investigando la naturaleza de las palabras, de lo contrario nunca te pondrás a la tarea de aprender a ser contemplativo. Te aseguro que la contemplación no es fruto de estudio sino un don de la gracia.

Aún cuando he recomendado estas dos palabritas, no tienes por qué hacerlas tuyas si la gracia no te inclina a elegirlas. Pero si por la atracción de la gracia de Dios encuentras que tienen significado, entonces fíjalas por todos los medios en tu mente siempre que te sientas arrastrado a orar con palabras, porque son cortas y simples. Si no te sientes inclinado a orar con palabras, entonces olvídate también de éstas.

Creo que encontrarás que la simplicidad en la oración, que tan vivamente te he recomendado, no impedirá su frecuencia, porque, como expliqué arriba, esta oración se hace en la largura del espíritu, lo que significa que es incesante, hasta que recibe respuesta. Nuestra ilustración confirma esto. Cuando una persona está aterrorizada y en gran zozobra, se encontrará gritando ¡Socorro! o ¡Fuego!, hasta que alguien oiga su grito y acuda en su auxilio.

CAPÍTULO XL. Que durante la contemplación la persona deja de lado toda meditación sobre la naturaleza de la virtud y del vicio

Como ya he explicado, has de sumergir tu ser en la realidad espiritual significada por la palabra *pecado*, no insistiendo, sin embargo, en una clase particular de pecado tal como el orgullo, la ira, envidia, codicia, pereza, gula, lujuria o cualquier otro pecado, sea mortal o venial. Pues, para un contemplativo, ¿qué importa la clase o la gravedad del pecado? A la luz de la contemplación cualquier cosa que le separa de Dios, por leve que sea, aparece como un mal atroz y le roba la paz interior. Trata de experimentar el pecado como un conjunto de algo, entendiendo que eres tú mismo, pero sin definirlo con precisión. Luego grita en tu corazón esta única palabra: pecado, pecado, pecado, o socorro, socorro, socorro. Dios puede enseñarte lo que quiero decir por medio de la experiencia mucho mejor de lo que puedo hacerlo con palabras. Pues lo mejor es que esta palabra sea totalmente interior sin un pensamiento definido o un sonido real. En ocasiones, te sentirás tan saturado de lo que es el pecado, que la tristeza y el peso del mismo se extenderá por todo tu cuerpo y alma, hasta llegar a exclamar la misma palabra.

Todo esto es igualmente cierto de la palabra *Dios*. Sumérgete en la realidad espiritual de que te habla, pero sin ideas precisas de las obras de Dios, sean grandes o pequeñas, espirituales o materiales. No considires ninguna virtud en particular que Dios pueda enseñarte con su gracia, sea la humildad, la caridad, paciencia, abstinencia, esperanza, fe, moderación, castidad o pobreza evangélica. Porque, en cierto sentido, para el contemplativo todas son lo mismo. Él encuentra y experimenta todas ellas en Dios, quien es la fuente y esencia de toda bondad. El contemplativo ha llegado a comprender que si posee a Dios, posee todos los bienes, y por eso no desea nada en particular sino sólo al buen Dios mismo. Y tú también debes hacerlo así, en cuanto te es posible con su gracia. Que esta palabra represente para tí a Dios en toda su plenitud y nada más que la plenitud de Dios. Que nada sino Dios predomine en tu mente y en tu corazón.

Y dado que, mientras vivas en esta vida mortal, habrás de sentir en alguna medida el peso del pecado como parte y parcela de tu ser, sé lo suficientemente prudente para alternar entre estas dos palabras: *Dios* y *pecado*. Acuérdate de este principio general: si posees a Dios te verás libre del pecado, y cuando estás libre del pecado posees a Dios.

CAPÍTULO XLI. Que en todo, excepto en la contemplación, la persona ha de ser moderada

Si me preguntas ahora qué clase de moderación has de observar en la obra de la contemplación, te responderé lo siguiente: ninguna. En todo lo demás, como el comer, beber y dormir, la moderación es la regla. Evita los extremos de calor y frío; guárdate contra el exceso por más o por menos en la lectura, la oración o el compromiso social. En todas estas cosas, repito, sigue el sendero del medio. Pero en el amor no guardes medida. En realidad, desearía que nunca cesaras en esta obra del amor. Has de darte cuenta, en efecto, de que en esta vida te será imposible continuar en esta obra con la misma intensidad durante todo el tiempo. La enfermedad, los achaques del cuerpo y del espíritu y otras innumerables necesidades de la naturaleza te dejarán indispuesto y apartado de sus alturas. Al mismo tiempo, sin embargo, te aconsejo que te mantengas siempre con buen ánimo y si quieres, con alegría. Lo que quiero decir es que con el deseo puedes permanecer en ella aún cuando interfieran otras cosas. Por amor de Dios, evita, pues, la enfermedad en cuanto te sea posible, a fin de que no seas responsable de una enfermedad innecesaria.

Te hablo seriamente cuando digo que esta obra exige una disposición relajada, sana y vigorosa tanto de cuerpo como de espíritu. Por amor de Dios, disciplínate en el cuerpo y en el espíritu a fin de mantener tu salud el mayor tiempo posible. Pero si, a pesar de tus mejores esfuerzos, la enfermedad te domina, sé paciente en soportarla y espera con humildad la misericordia de Dios. Esto basta. En efecto, tu paciencia en la enfermedad y en la aflicción puede ser a menudo más grata a Dios que los tiernos sentimientos de devoción en tiempos de salud.

CAPÍTULO XLII. Que no teniendo moderación en la contemplación, el hombre puede llegar a la perfecta moderación en todo lo demás

Quizá estés preguntándote ahora cómo determinar la medida adecuada en la comida, la bebida, el sueño y demás. Te contestaré brevemente: conténtate con aceptar las cosas según vienen. Si te entregas generosamente a la obra del amor, estoy seguro de que sabrás cuándo has de comenzar y terminar cualquier otra actividad. No puedo creer que una persona entregada con toda su alma a la contemplación pueda errar por exceso o por defecto en estos asuntos externos, a menos que sea una persona que siempre se equivoca.

¡Ojalá yo pudiera estar siempre preocupado y ser fiel a la obra del amor en mi corazón! Dudo que entonces me preocupase mucho de mi comida, bebida, sueño y conversación. Pues ciertamente se consigue antes moderación en estas cosas por despreocupación de las mismas que a través de una introspección angustiosa, como si esta ayudara a determinar la medida adecuada. Con seguridad nada de lo que haga o diga puede realmente conseguirlo. Que otros digan lo que quieran; la experiencia es mi testigo.

Por eso te digo, una vez más, eleva tu corazón con un ciego impulso de amor, consciente ora del pecado, ora de Dios, deseando a Dios y detestando el pecado. A este lo conoces demasiado bien, pero tu deseo tiende hacia Dios. Pido que el buen Dios venga en tu ayuda, pues al llegar a este punto le necesitarás muchísimo.

CAPÍTULO XLIII. Que el hombre ha de perder la conciencia radical de concentración en su propio ser, si es que quiere llegar a las altas cimas de la contemplación en esta vida

Sé cauto al vaciar tu mente y tu corazón de todo excepto de Dios durante el tiempo de esta obra. Rechaza el conocimiento y la experiencia de todo lo que es inferior a Dios, dejándolo bajo la nube del olvido. Y has de aprender también a olvidar no sólo a toda criatura y sus obras sino también a tí mismo, juntamente con cuanto has hecho por el servicio de Dios. Pues un verdadero amante no sólo quiere a su amado más que a sí mismo sino que en cierto sentido se olvida de sí mismo en relación al único que ama.

Y esto es lo que has de aprender a hacer. Has de llegar a abominar y detestar todo lo que ocupa tu mente excepto a Dios, pues todo es un obstáculo entre Él y tú. Apenas si te ha de extrañar el que llegues a odiar el pensar sobre ti mismo en vistas a tu mayor comprensión del pecado. Esta mancha fétida y detestable llamada pecado no es sino tú mismo, y aunque no lo consideres con todo detalle, ahora sabes que es parte y parcela de tu mismo ser y algo que te separa de Dios.

Rechaza, pues, el pensamiento y la experiencia de todas las cosas creadas, pero aprende más especialmente a olvidarte de tí mismo, ya que todo tu conocimiento y experiencia depende del conocimiento y sentimiento de tí mismo. Todo lo demás se olvida fácilmente en comparación con uno mismo. Comprueba si la experiencia no me da a mí la razón. Aún mucho después de haberte olvidado con éxito de las criaturas y de sus obras, te darás cuenta de que un elemental conocimiento y sentimiento de tu ser sigue permaneciendo entre tí y Dios. Créeme, no serás perfecto en el amor hasta que esto sea también destruido.

CAPÍTULO XLIV. Cómo se ha de disponer la persona a fin de destruir la conciencia elemental de concentración en su propio ser

Me preguntas ahora cómo podrás destruir este elemental conocimiento y sentimiento de tu propio ser. Quizá tú llegas a comprender por fin que, si destruyes esto, cualquier otro obstáculo quedaría destruido. Si has llegado a entender esto, ya es mucho. Pero para responderte he de explicar que sin una gracia especial de Dios, libremente otorgada, y sin la perfecta correspondencia a esta gracia por tu parte, no puedes nunca esperar la destrucción de ese elemental conocimiento y sentimiento de tu ser. La perfecta correspondencia a esta gracia consiste en un fuerte y profundo dolor o tristeza interior.

Pero es de suma importancia modelar este dolor. Has de ser cauto para no forzar nunca de forma irreverente tu cuerpo o tu espíritu. Siéntete relajado y tranquilo pero sumergido en el dolor. El dolor del que hablo es genuino y perfecto, y bendito el hombre que lo experimente. Todo hombre tiene muchos motivos de tristeza, pero sólo entiende la razón universal y profunda de la tristeza el que experimenta qué es (existe). Todo otro motivo palidece ante este. Sólo siente auténtica tristeza y dolor quien se da cuenta no sólo de lo que es sino de qué es. Quien no ha sentido esto debería llorar, pues nunca ha experimentado la verdadera tristeza. Esta tristeza purifica al hombre del pecado y del castigo del pecado. Aún más, prepara su corazón a recibir aquella alegría por medio de la cual trascenderá finalmente el saber y el sentir de su ser. Cuando esta tristeza es auténtica, está henchida del anhelo reverente de la salvación de Dios, pues de otra manera ningún hombre podría aguantarla. Si el hombre no estuviera un tanto alentado por el consuelo de la oración contemplativa, quedaría completamente aplastado por el conocimiento y sentimiento de su ser. Pues cuántas veces quiere llegar a un conocimiento y sentimiento verdaderos de Dios en pureza de su espíritu (hasta el punto que es posible en esta vida) y siente luego que no puede pues se da cuenta constantemente de que su conocer y su sentir están como ocupados y llenos de una fétida y pestilente mancha de sí mismo, que siempre ha de odiarse, despreciarse y desecharse, si se quiere ser perfecto discípulo de Dios y enseñado por Él solo en el monte de la perfección, casi se desespera por la tristeza que siente, llorando, gimiendo, retorciéndose, imprecando y reprochándose a sí mismo. Siente, en una palabra, el peso de si mismo de una manera tan trágica que ya no se cuida de si mismo con tal de poder amar a Dios.

Y sin embargo, en todo esto no desea dejar de existir, pues esto es locura del diablo y blasfemia contra Dios. De hecho, se alegra de existir y desde lo hondo de su corazón rebosante de agradecimiento da gracias a Dios por el don y el bien de su existencia. Al mismo tiempo, sin embargo, desea incesantemente verse libre del conocimiento y sentimiento de su ser.

Antes o después todos han de darse cuenta en alguna medida tanto de esta tristeza como de este anhelo de libertad. Dios, en su sabiduría, enseñará a sus amigos espirituales, según la fuerza física y moral de cada uno, a soportar esta verdad, de acuerdo con el progreso y la apertura a su gracia de cada uno. Él los instruirá poco a poco hasta que sean completamente uno en la plenitud de su amor; esa plenitud posible en la tierra con su gracia.

CAPÍTULO XLV. Una buena exposición de ciertos engaños que pueden acechar al contemplativo

Te debo advertir que un jóven novicio, sin experiencia en la contemplación, está expuesto a una gran decepción si no está constantemente alerta y no es lo suficientemente sincero para buscar un guía seguro. El peligro es que puede dar al traste con su fortaleza física y caer en aberraciones mentales por medio del orgullo, la sensualidad y vanidad.

He aquí cómo puede insinuarse la decepción. Un jóven o una jóven recién iniciado en el camino de la contemplación empieza a oír hablar del deseo por el que el hombre eleva su corazón a Dios, ansiando incesantemente experimentar su amor; oye hablar también sobre la tristeza que acabo de describir. Considerándose vanamente diestro y sofisticado en la vida espiritual, no tarda en comenzar a interpretar lo que oye en términos literales y materiales, perdiendo completamente de vista el sentido espiritual más profundo. Y por eso violenta locamente sus recursos físicos y emocionales más allá de toda razón. Despreciando la inspiración de la gracia y excitado por la vanidad y la presunción, fuerza su aguante tan mórbidamente que en poco tiempo se encuentra fatigado y extenuado en cuerpo y espíritu. Después siente la necesidad de aliviar la tensión creada buscando una compensación superficial, material o física, como relajación del cuerpo y del espíritu.

Suponiendo que salga de esto, su ceguera espiritual y el abuso que inflige a su cuerpo en esta pseudocontemplación (pues difícilmente se puede llamar espiritual) le pueden llevar a fomentar sus pasiones de forma no natural o a crear en él un estado frenético. Y todo ello es el resultado de una pseudoespiritualidad y de un mal trato del cuerpo. Está instigado por su enemigo, el demonio, que se vale de su orgullo, sensualidad y presunción intelectual para engañarle.

Esta clase de personas creen, por desgracia, que la exaltación que sienten es el fuego del amor encendido en sus pechos por el Espíritu Santo. De este engaño y otros semejantes surgen males de todas clases, mucha hipocresía, herejía y error. Esta especie de pseudoexperiencia trae consigo el falso conocimiento propio de la escuela del diablo, de la misma manera que la auténtica experiencia comporta la comprensión de la verdad enseñada por Dios. Créeme cuando te digo que el diablo tiene sus contemplativos como Dios tiene los suyos.

La falsedad de las pseudoexperiencias y del falso conocimiento se da de mil maneras y situaciones según las diferentes mentalidades y disposiciones de los engañados, de la misma manera que la experiencia verdadera asume muy diferentes formas subjetivas. Pero voy a detenerme aquí. No quiero cargarte con más conocimientos de los que necesitas para hacer seguro tu camino. ¿De qué puede servirte el oír que el maligno ha engañado a grandes clérigos y en diferentes etapas de su vida? De nada, estoy seguro. Por eso, sólo describiré aquellas trampas que puedes encontrar con más facilidad a medida que avanzas en esta obra. Te digo que puedes ser avisado de antemano y las evitarías.

CAPÍTULO LXVI. Una instrucción provechosa para evitar estos engaños; que en la contemplación se ha de confiar más en un entusiasmo gozoso que en la simple fuerza bruta

Por el amor de Dios, pues, sé cauto y no te fuerces imprudentemente en esta obra. Confía más en un alegre entusiasmo que en la simple fuerza bruta. Pues cuanto más alegremente procedas, más humilde y espiritual se hará tu contemplación. Si, por el contrario, te conduces morbosamente, los frutos resultantes serán toscos y no naturales. Por eso, sé cauto. En efecto, todo el que pretende acercarse a esta encumbrada montaña de la oración contemplativa por medio de la simple fuerza bruta, será arrojado con piedras. Sabes que las piedras son cosas ásperas y secas que hieren terriblemente cuando golpean. Sin duda que una represión morbosa dañará tu salud, pues carece del rocío de la gracia y está completamente seca. Causará, además, un gran daño a tu mente alocada, llevándola a tropezar en ilusiones diabólicas. Por eso te vuelvo a decir que evites todo impulso no natural y que aprendas a amar con alegría con una suave y dulce disposición de cuerpo y de alma. Espera con alegre y modesta finura la iniciativa del Señor y no trates de arrebatar impacientemente la gracia cual codicioso perro muerto de hambre.

Hablo ahora medio en broma, pero trata de dominar el agudo y espontáneo suspiro de tu espíritu e intenta ocultar el ansia de tu corazón a los ojos del Señor. Quizá desprecies esto que te digo como algo infantil y frívolo, pero créeme, quien tenga la luz para entender lo que estoy diciendo y la gracia de seguirlo, experimentará, en efecto, las delicias de los gozos del Señor. Pues como un padre que juguetea con su hijo, estrechará y besará a quien viene a él con un corazón de niño.

CAPÍTULO XLVII. Cómo crecer hasta la perfección de la pureza del espíritu; cómo manifiesta un contemplativo su deseo a Dios de una manera y los hombres de otra

No te molestes si te parece que hablo infantil y alocadamente y como si careciera de sano juicio. Lo hago adrede, pues creo que el Señor me ha inspirado en los últimos días para pensar y sentir así y decir a algunos de mis otros buenos amigos lo que ahora te digo a ti. Una razón que tengo para aconsejarte que ocultes el deseo de tu corazón de los ojos de Dios es que, cuando tú lo ocultas, más clara y realmente lo ve Él. Al ocultarlo consigues tu propósito y ves tu deseo cumplido antes que por otros medios que pudieras discurrir para atraer la atención de Dios. Otra segunda razón es que quiero que vayas independizándote de tus constantes emociones y que llegues a experimentar a Dios en la pureza y profundidad de tu espíritu. Finalmente, quiero ayudarte a anudar el nudo espiritual del amor ardiente que te atará a Dios en comunión de ser y de deseo. Pues, como sabes, Dios es espíritu, y todo aquel que desea unirse a él ha de entrar en la verdad y la profundidad de una comunión espiritual que trasciende con mucho toda representación terrena.

Dios, como es obvio, lo sabe todo y nada puede quedar oculto a sus ojos, sea material o espiritual. Pero, por ser espíritu, algo que se ha introducido a fondo en el espíritu es para él más claro y evidente que lo que se mezcla con las emociones. Y por eso lo espiritual es algo connatural a Él. Por esta razón creo que cuanto más enraizado está nuestro deseo en las emociones, se encuentra más alejado de Dios que si surgiera simplemente de la actitud gozosa de un espíritu puro y profundo.

Ahora ya puedes entender mejor por qué te aconsejo alegremente cubrir y ocultar tu deseo de Dios. Con ello no te estoy sugiriendo que lo ocultes totalmente, pues sería el consejo de un loco y además, una tarea imposible. Pero te ruego que eches mano de tu ingenuidad para ocultarlo a sus ojos lo mejor que puedas. ¿Por qué te digo esto? Porque quiero que lo metas en el fondo de tu espíritu, lejos del contagio de caprichosas emociones que lo hacen menos espiritual y más alejado de Dios.

Sé, además, que a medida que tu corazón vaya creciendo en pureza de espíritu, estará menos dominado por la carne y más íntimamente unido a Dios. Él te verá más claramente y tú serás una fuente de delicias para Él. Su visión, por supuesto, no queda literalmente afectada por esto o por aquello, pues es inmutable. Lo que trato de decirte es que cuando tu corazón se haya transformado por la pureza de espíritu, se hará connatural a Dios, pues Él es espíritu. Tengo todavía otra razón para aconsejarte que escondas tu ansia de la mirada de Dios. Tú y yo, y muchos como nosotros, estamos muy inclinados a desfigurar la realidad espiritual y a concebirla literalmente. Quizá si yo te hubiera urgido a mostrar el deseo de tu corazón a Dios, lo hubieras demostrado físicamente con gestos, sonidos, palabras o con cualquier otra actividad ingeniosa que hubieras podido emplear para manifestar un sentimiento secreto de tu corazón a un amigo humano. Pero esto sólo convertiría tu obra de contemplación en menos simple y depurada, pues nosotros presentamos las cosas al hombre de una manera y a Dios de otra.

CAPÍTULO XLVIII. Que Dios desea ser servido por el hombre en cuerpo y alma; que Él glorificará a ambos; y cómo distinguir entre goces espirituales buenos y malos

Mi intención en todo esto no es ciertamente disuadirte de que ores en voz alta cuando el Espíritu Santo te inspire hacerlo así. Y si el gozo de tu espíritu inunda tus sentidos de manera que comienzas a hablar a Dios como hablarías a un hombre cualquiera, diciendo cosas como *Jesús, dulce Jesús*, y otras parecidas, no necesitas apagar tu espíritu. Dios no permita que me entiendas mal en esta materia. Pues ciertamente no quiero apartarte de expresiones externas de amor. Dios me libre de querer separar cuerpo y espíritu, pues fue Él mismo quien los hizo una unidad. En efecto, debemos honrar a Dios con toda la persona, cuerpo y espíritu juntos. Y en la eternidad Él glorificará perfectamente toda nuestra persona, cuerpo y espíritu. Como primicia de su eterna gloria, Dios puede inflamar a veces los sentidos de sus fieles amigos con indecible delicia y consuelo, incluso aquí mismo, en esta vida. Y no solamente una o dos veces, sino quizá con mucha frecuencia, según juzgue más conveniente. Este goce, sin embargo, no se origina fuera de la persona entrando a través de las fuerzas de los sentidos, sino que brota de una abundancia de alegría espiritual y de verdadera devoción del espíritu. Consolación y gozo como este no ha de ser nunca puesto en duda o temido. En una palabra, creo que todo el que lo experimenta no podrá ya dudar de su autenticidad.

Pero te prevengo para que seas cauto ante otros consuelos, sonidos, alegrías o goces provenientes de fuentes externas que no puedes identificar, ya que pueden ser buenos o malos, obra de un ángel bueno o del espíritu maligno. Pero si evitas vanas especulaciones y tensiones físicas y emocionales no naturales en los caminos que yo te he enseñado (o en caminos mejores que tú puedas descubrir), importa poco que sean consuelos buenos o malos, pues no pueden hacerte mal. ¿Por qué está tu seguridad tan afianzada? Sin duda, porque la fuente de la auténtica consolación es el deseo reverente y amoroso que habita en un corazón puro. Esta es la obra del Dios todopoderoso labrada sin recurso de técnicas y por lo mismo libre de la fantasía y del error que llevan a caer a un hombre en esta vida.

Por lo que se refiere a otros consuelos, sonidos y goces, no entraré en los criterios para discernir si son buenos o malos ahora, pues no creo que sea necesario. Han sido tratados en toda su extensión en la obra de otro hombre que es muy superior a cuanto yo pudiera escribir o decir. Allí puedes encontrar cuanto he dicho y cuanto tú necesitas saber, y mucho mejor tratado.

Pero ¿qué importa eso? De todos modos yo proseguiré, pues no me molesta contestar al deseo de tu corazón que busca la comprensión de la vida interior. Este deseo me lo manifestaste antes a mí con palabras y ahora lo veo claramente en tus acciones.

Diré una cosa relativa a estos sonidos y goces que percibes a través de las facultades naturales y que pueden o no ser malas. Aprende a estar continuamente ocupado en el ansia ciega reverente y gozosa del amor contemplativo como te he enseñado. Si haces esto, estoy cierto que este amor mismo te permitirá discernir sin error entre el bien y el mal. Es posible que estas experiencias puedan cogerte desprevenido al principio por ser tan poco comunes. Pero el ciego impulso del amor afirmará tu corazón y no les darás crédito hasta que reciban su aprobación desde dentro, por el Espíritu Santo, o desde fuera por la orientación de un prudente padre espiritual.

CAPÍTULO XLIX. Que la esencia de toda perfección es una buena voluntad; los consuelos sensibles no son esenciales para la perfección en esta vida

Y así puedes apoyarte confiadamente en este limpio impulso del amor que brota de tu corazón y seguirle donde te lleve, pues es tu guía segura en esta vida y te llevará a la gloria de la venidera. Este pequeño amor es la esencia de una buena vida y sin él nada bueno es posible. Básicamente, el amor significa una radical y personal entrega a Dios. Esto supone que tu voluntad está armoniosamente sintonizada a la suya en una permanente alegría y entusiasmo por cuanto él hace.

Una buena voluntad como ésta es la esencia de la más alta perfección. El goce y consolaciones del espíritu y del sentido, por sublimes que sean, son meramente accidentales en comparación con ella y de ella dependen totalmente. Digo que son accidentales, porque importa poco el que una persona las experimente o no. Son contingentes a la vida en la tierra, pero en la eternidad serán elementos esenciales de la gloria final del hombre, tan pronto como su cuerpo (que las siente ahora) sean uno real y esencialmente para siempre con su espíritu. Pero en la tierra el meollo de toda consolación es la realidad íntima de una buena voluntad.

Estoy seguro, además, de que la persona que ha madurado en la perfección de su voluntad (al menos en lo que le es posible en esta vida) no experimenta delicia o consolación a la que no pudiera renunciar voluntaria y gozosamente si Dios quisiera.

CAPÍTULO L. Qué se entiende por amor puro; que algunas personas experimentan poca consolación sensible mientras que otras experimentan mucha

Espero que veas ahora por qué es tan importante que concentremos toda nuestra energía y atención en este suave movimiento de amor en la voluntad. Con toda la reverencia debida a los dones de Dios, mi opinión es que debemos estar completamente despreocupados de los deleites y consuelos del sentido o del espíritu, por muy agradables o sublimes que sean. Si vienen, bienvenidos sean, pero no te detengas en ellos por miedo a quedarte vacío; créeme, gastarás mucha energía si te mantienes mucho tiempo en dulces sentimientos y lágrimas. Es posible, además, que comiences a amar a Dios por esas cosas y no por Él mismo.

Puedes saber si sucede esto o no, si te sientes aburrido e irritable cuando no las experimentas. Si hallares que este es tu caso, entonces tu amor no es todavía casto o perfecto. Cuando el amor es casto y perfecto, puede permitir que los sentidos se nutran y fortalezcan por suaves emociones y lágrimas, pero nunca se turba si Dios permite que desaparezcan. Sigue gozándose en Dios de la misma manera.

Algunas personas experimentan cierto grado de consolación casi siempre, mientras que otras sólo raras veces. Dios, en su gran sabiduría, determina lo que es mejor para cada uno. Ciertas personas son espiritualmente tan frágiles y delicadas que, a menos que sean siempre confortadas con un poco de consolación sensible, serían incapaces de aguantar las diversas tentaciones y sufrimientos que las afligen mientras luchan en esta vida contra sus enemigos interiores y exteriores. Y hay otros tan frágiles físicamente, que son incapaces de purificarse a través de una rigurosa disciplina. Nuestro Señor, en su gran bondad, purifica a estas personas espiritualmente por medio de consuelos y lágrimas. Hay, sin embargo, otros tan viriles espiritualmente, que encuentran suficiente consuelo en el reverente ofrecimiento de este sencillo y pequeño amor y en la suave armonía de sus corazones con el de Dios. Encuentran tal fortalecimiento espiritual en su interior, que necesitan poco de otro consuelo. Cuál de estas personas es más santa o cercana a Dios, sólo Él lo sabe. Yo, ciertamente, no lo sé.

CAPÍTULO LI. Que los hombres han de procurar no interpretar literalmente lo que se dice en sentido espiritual, en particular el adentro y arriba

Fija, pues, humildemente tu ciego impulso de amor en tu corazón. No hablo de tu corazón físico, por supuesto, sino de tu corazón espiritual, de tu voluntad. Procura no tomar las cosas espirituales de que te hablo en sentido literal. Créeme, la vanidad humana de los que tienen una mente rápida e imaginativa puede llevarles a grandes errores al obrar así.

Consideremos, por ejemplo, lo que te dije sobre el ocultar tu deseo ante Dios lo mejor que puedas. Si te hubiera dicho que le mostraras tu deseo, lo hubieras tomado quizá más al pie de la letra que ahora, cuando te digo que lo ocultes. Pues ahora te das cuenta de que ocultar algo intencionadamente es introducirlo en lo hondo de tu espíritu. Sigo creyendo que se necesita una gran cautela al interpretar las palabras empleadas en un sentido espiritual para no distorsionarlas por un significado literal. Has de cuidar, en particular, las palabras *adentro* y *arriba*, por el gran error y decepción que puede producir en la vida de los que se han propuesto ser contemplativos, la distorsión del significado que está detrás de estos vocablos. Puedo confirmar esto con mi propia experiencia y con la de otros. Pienso que te sería muy útil saber algo de estos engaños.

Un joven discípulo de la escuela de Dios, que acaba de abandonar el mundo, cree que por el hecho de haberse entregado a la oración y a la penitencia durante algún tiempo y bajo la dirección de su padre espiritual, ya está preparado para iniciar la contemplación. Ha oído hablar o ha leído sobre ella en el sentido de que *el hombre debe recoger todas sus facultades en sí mismo* o *que debe saltar por encima de sí mismo.* No bien ha oído esto cuando, arrastrado por su ignorancia de la vida interior, por la sensualidad y la curiosidad, distorsiona su significado. Siente dentro de sí mismo una curiosidad natural por lo oculto y misterioso, y supone que la gracia le llama a la contemplación. Se aferra tan testarudamente a esta convicción, que si su padre espiritual no está de acuerdo con él, se pone muy triste. Entonces comienza a pensar y a decir a otros, tan ignorantes como él que no le entienden. Se aleja y movido por la audacia y la presunción, deja la oración humilde y la disciplina espiritual demasiado pronto, para comenzar (así lo supone él) la obra de la contemplación. Si de verdad persiste en ella, su obra ni es divina ni es humana, sino, para decirlo llanamente, algo no natural, instigado y dirigido por el demonio. Es una senda directa a la muerte del cuerpo y del alma, pues es una aberración que lleva a la locura. Pero él no se da cuenta de esto, y pensando insensatamente que puede poseer a Dios con su entendimiento, fuerza su mente a concentrarse en nada más que en Dios.

CAPÍTULO LII. Cómo algunos jóvenes principiantes presuntuosos interpretan mal la palabra adentro; los engaños que resultan de ello

El fracaso del que estoy hablando se origina del siguiente modo. El neófito oye y lee que debe dejar de aplicar sus facultades externas a las cosas externas y trabajar interiormente. Bien entendido, esto es cierto. Pero como este sujeto no es capaz de trabajar interiormente, sus esfuerzos llegan a frustrarse. Se vuelve morbosamente introspectivo y fuerza sus facultades, como si por la fuerza bruta pudiera hacer que sus ojos vieran y sus oídos oyeran cosas interiores. De igual manera abusa de sus sentidos exteriores y de sus emociones. Así violenta su naturaleza presionando sobre su imaginación tan brutalmente con su estupidez, que su mente al fin estalla. Entonces queda abierto el camino al enemigo para simular cualquier fantasía de luz o sonido, algún suave olor o gusto delicioso. El demonio puede también excitar sus pasiones y despertar toda suerte de sensaciones raras en su pecho o entrañas, su espalda, sus extremidades y otros órganos. El pobre insensato, por desgracia, queda atrapado por estos engaños y cree que ha alcanzado una contemplación de Dios llena de paz por encima de toda tentación de pensamientos vanos. En realidad, no está del todo equivocado, ya que ahora se encuentra tan saciado de mentiras que los vanos pensamientos realmente no le turban. ¿Por qué? Porque el mismo enemigo, que le podría molestar con tentaciones si estuviera entregado a una oración genuina, es el encargado de dirigir esta pseudoactividad y no es tan estúpido como para entorpecer su propia obra. Con gran astucia deja al insensato atrapado en sus redes entretenido en suaves pensamientos sobre Dios, a fin de que no se descubra su perversa mano.

CAPÍTULO LIII. De los diversos amaneramientos inadecuados en que caen los pseudocontemplativos

El comportamiento espiritual y físico de los que se entregan a cualquier tipo de pseudocontemplación se presta a aparecer muy excéntrico, mientras que los amigos de Dios siempre se conducen con sencillez y naturalidad. Cualquiera que conozca a estos ilusos en la oración podría ver cosas verdaderamente extrañas. Si sus ojos están abiertos, pueden llegar a mirar fijamente como los de un perturbado mental, o estar desorbitados de horror como quien ve al diablo, y bien podría ser, porque no está lejos. A veces sus ojos miran como los de una oveja herida próxima a la muerte. Unos inclinan la cabeza hacia un lado, como si llevaran un gusano en las orejas. Otros, cual espíritus, emiten sonidos estridentes y plañideros que suponen sustituyen al habla. Normalmente son hipócritas. Otros, finalmente, gimen y sollozan en su deseo y ansia de ser escuchados. Están a un paso de los herejes y de aquellas personas astutas y engañosas que arguyen contra la verdad.

Cualquiera que los observe podría advertir sin duda muchos otros amaneramientos grotescos e inadecuados, aunque algunos son tan inteligentes que logran mantener en público una actitud respetable. Si se los observara cuando están desprevenidos, creo que su vergüenza sería evidente, y todo aquel que con audacia se atreviera a contradecirlos sería objeto de su ira. Creen, sin embargo, que todo lo que hacen lo hacen por Dios y en servicio a la verdad. Pero estoy convencido de que si Dios no interviene con un milagro para que renuncien a su engañosa locura, su *estilo de amar a Dios* los conduciría derechos a las garras del diablo rematadamente locos. No digo que todo el que esté bajo la influencia del diablo se vea afligido con todos estos achaques, aunque no lo considero imposible. Pero todos sus discípulos se hallan corrompidos por alguno de ellos o por otros semejantes, como explicaré ahora, si Dios quiere.

Hay algunos tan cargados con toda suerte de excentricidades y amaneramientos refinados, que cuando escuchan adoptan una forma recatada de retorcer la cabeza hacia arriba y hacia un lado, quedando boquiabiertos.

¡Diríase que tratan de escuchar con la boca en lugar de hacerlo con los oídos! Algunos, cuando hablan, apuntan con los dedos hacia sus propias manos o al pecho o hacia aquellos a los que están sermoneando. Otros no pueden estar sentados, ni de pie, ni acostados sin mover los pies o gesticular con las manos. Algunos reman con los brazos como si trataran de atravesar a nado una gran extensión de agua. Otros, finalmente, están siempre haciendo muecas o riéndose sin motivo a cada momento como chicos atolondrados o payasos absurdos sin educación. Cuánto mejor es una postura modesta, un porte tranquilo y compuesto, un candor alegre.

Con esto no pretendo dar a entender que estos amaneramientos sean un gran pecado en sí mismos o que todos aquellos que los emplean sean necesariamente grandes pecadores. Pero es mi opinión que si estas afectaciones dominan a una persona hasta el punto de tenerla esclavizada, son prueba de orgullo, de falsedad, exhibicionismo y curiosidad. Por lo menos, demuestran el corazón veleidoso y la inquieta imaginación de una persona que carece tristemente de un espíritu verdaderamente contemplativo. Si hablo de ellos es únicamente con el fin de que el contemplativo pueda preservar la autenticidad de su propia actividad evitándolos.

CAPÍTULO LIV. Que la contemplación agracia al hombre con sabiduría y equilibrio y le hace atractivo en cuerpo y espíritu

A medida que la persona madura en la obra de la contemplación, descubrirá que este amor gobierna su comportamiento de una manera conveniente tanto interna como externamente. Cuando la gracia atrae a un hombre a la contemplación, parece transfigurarlo incluso físicamente de tal forma que, aunque sea contrahecho por naturaleza, aparece cambiado y agradable a la mirada. Toda su personalidad se vuelve tan atractiva, que las buenas personas se honran y se deleitan estando en su compañía, fortalecidas por el sentido de Dios que irradia de ellos.

Haz, pues, lo que está de tu parte y coopera con la gracia para conseguir este gran don, pues te enseñará cómo el hombre que lo posee se sabe gobernar a símismo y todo lo que le atañe. Será capaz incluso de discernir el carácter y temperamento de otros cuando sea necesario. Sabrá cómo acomodarse a cualquiera (para asombro de todos), incluso a los pecadores empedernidos, sin pecar él La gracia de Dios actuará por él, arrastrando a otros a desear ese mismo amor contemplativo que el Espíritu Santo despierta en él. Su comportamiento y conversación serán ricos en sabiduría espiritual, fuego y frutos de amor, pues hablará con una seguridad llena de calma y desprovista de falsedad y del fingido servilismo de los hipócritas.

Hay quienes canalizan todas sus energías físicas y espirituales para aprender a apoyar y rodear su inseguridad con serviles sollozos y afectada piedad. Están más preocupados por aparecer santos ante los hombres que por serlo ante Dios y ante sus ángeles. Tales personas se encuentran más confusas y avergonzadas por un falso gesto o por una falta de etiqueta en sociedad que por mil vanos pensamientos y feas inclinaciones al pecado, intencionadamente estimulados o jugando perezosamente con ellos, en la presencia de Dios y de sus ángeles. ¡Ah, Señor Dios! Una gran dosis de humilde afectación denota ciertamente un corazón orgulloso. Es cierto que una persona verdaderamente humilde ha de conducirse con modestia en palabras y gestos, reflejando la disposición de su corazón. Pero no puedo soportar una voz humilde afectada, contraria a la sencillez natural de carácter. Si estamos diciendo la verdad, usemos un sencillo y sincero tono de voz que esté acorde con la propia personalidad. Una persona que, por naturaleza, tiene una voz franca y alta y que de modo habitual musita en un cuchicheo a media voz -excepto, naturalmente, si está enfermo o habla en privado a su confesor o en secreto a Dios- es ciertamente un hipócrita. Poco importa que sea novicio o que tenga una gran experiencia; es un hipócrita. ¿Qué más puedo decir sobre estos engaños traicioneros? Realmente, si el hombre no tiene la gracia de deshacerse de estos lloricones hipócritas, corre peligro. Pues entre el secreto orgullo de su corazón y la hipocresía de su conducta, el pobre desgraciado puede caer pronto en un terrible fracaso.

CAPÍTULO LV. Que los que condenan el pecado con celo indiscreto quedan burlados

El enemigo puede, además, engañar a ciertas personas con otras trampas insidiosas. Les puede incitar con celo a mantener la ley de Dios desarraigando el pecado del corazón de otras personas. No vendrá nunca derecho a tentarlos con algo obviamente pecaminoso. Por el contrario, los incitará a asumir el papel de prelados celosos que supervisan todos los aspectos de la vida cristiana, como abad que inspecciona a sus monjes. Reprende a todos y a cada uno por sus faltas, como si fuera un pastor legítimamente constituido. Siente que debe echarles en cara hasta la ira de Dios que se manifiesta por él, y sostiene que es impelido por el amor de Dios y el fuego de la caridad fraterna. Pero en realidad miente, pues es el fuego del infierno en su cerebro e imaginación lo que le incita.

Lo que sigue parece confirmar esto. El demonio es un espíritu que, como los ángeles, no tiene cuerpo. Pero siempre que con el permiso de Dios él (o cualquier ángel) toma un cuerpo para tratar con los hombres, el cuerpo que elige refleja de alguna manera la naturaleza de su misión. Vemos esto en la Sagrada Escritura. Tanto en el Antiguo como en el Nuevo Testamento encontramos que, cuando un ángel era enviado para cualquier obra, su cuerpo o su nombre reflejaba su mensaje espiritual. De la misma manera, siempre que el enemigo toma forma humana, alguna cualidad de su cuerpo reflejará su intención.

Un ejemplo concreto ilustra esto muy bien. He aprendido de algunos de los estudiantes de nigromancia (culto que enseña la comunicación con los espíritus malignos), y de otros a los que se les ha aparecido el diablo en forma humana, el tipo de cuerpo que precisamente suele adoptar. Me han dicho que cuando se aparece, normalmente acostumbra tener un solo orificio nasal ancho y espacioso, y que puede fácilmente volver su cabeza hacia atrás de manera que el hombre puede ver directamente su cerebro, que aparece como el fuego del infierno. Un demonio no puede tener otro cerebro, y se da por muy satisfecho si puede inducir al hombre a contemplarle, pues la visión sacará al ser humano fuera de sí para siempre. (El aprendiz experto de magia negra sabe muy bien esto y, por ello, toma las precauciones debidas, para no ponerse en peligro él mismo). Así pues, cuando el demonio asume un cuerpo, puedes estar seguro de que éste reflejará de alguna manera su intención. En el caso del falso celo que estamos considerando, inflama de tal manera la imaginación de sus contemplativos con el fuego del infierno, que repentina e imprudentemente se desatarán con presunción increíble. Se arrogan a sí mismos el derecho de amonestar a otros, con frecuencia de una manera cruel y precipitada. Y todo porque sólo tienen un único orificio nasal espiritual. La *división de la nariz* del hombre en dos fosas sugiere que debe poseer un *discernimiento espiritual* que le permita decidir lo bueno de lo malo, lo malo de lo peor, y lo bueno de lo mejor antes de formular un juicio. (Por *cerebro* entiendo la *imaginación espiritual*, pues según la naturaleza la imaginación reside y funciona en la cabeza).

CAPÍTULO LVI. Que aquellos que confían más en su propia inteligencia natural y en el saber humano que en la doctrina común y la dirección de la Iglesia están engañados

Hay todavía otros que, aunque escapen a los engaños que acabo de describir, caen víctimas de su orgullo, de su curiosidad intelectual y de su saber de eruditos al rechazar la doctrina común y la orientación de la Iglesia. Estas personas y sus seguidores confían demasiado en su propio saber. Nunca estuvieron enraizados en esa humilde y ciega experiencia del amor contemplativo y de la bondad de vida que le acompaña. Son así vulnerables a la pseudoexperiencia trazada y dirigida por su enemigo espiritual. Llegan hasta levantarse y blasfemar contra los santos, los sacramentos y las ordenanzas de la santa Iglesia. Los hombres sensuales y mundanos que creen que las exigencias de la Iglesia para la enmienda adecuada de su vida son demasiado molestas, corren pronta y fácilmente detrás de estos herejes, y los apoyan. Y todo porque imaginan que estos herejes los conducirán por una senda más suave que la santa Iglesia.

Ahora bien, creo realmente que todo aquel que no emprenda el camino arduo del cielo se deslizará fácilmente por el camino del infierno, como veremos cada uno de nosotros el último día. Estoy convencido de que si pudiéramos ver a estos herejes y sus seguidores en el momento actual, como los veremos en el día del juicio, nos daríamos cuenta de que, además de su abierta presunción al negar la verdad, están cargados con grandes y pesados pecados cometidos en su vida privada. Se dice de ellos que en su vida privada están tan llenos de vil lujuria como lo están de la falsa virtud que despliegan en su vida pública. Con toda verdad bien pueden llamarse los discípulos del Anticristo.

CAPÍTULO LVII. Cómo algunos jóvenes presuntuosos principiantes distorsionan la palabra arriba; los engaños que se siguen

Dejemos a un lado esta discusión ahora y volvamos a lo que comencé a decir sobre la comprensión espiritual de ciertas palabras clave.

Dije más arriba que los jóvenes discípulos de espiritualidad que no tienen cuidado con la presunción están muy inclinados a interpretar mal la palabra *arriba*. Oirán decir o leerán que los contemplativos deben *levantar su corazón a Dios*. Inmediatamente comienzan a clavar la mirada en las estrellas como si estuvieran en otro planeta y a escuchar como si esperaran captar cantos celestiales de ángeles. A veces enfocan su curiosa imaginación a penetrar los secretos de los planetas y a perforar el firmamento con la esperanza de ver en el espacio exterior. Están inclinados a imaginarse a Dios según sus propias fantasías, viéndole en suntuosa vestimenta y sentado en un trono exótico. Alrededor de él se imaginan ángeles en forma humana, dispuestos como músicos en una orquesta. Créeme, no se ha visto ni oído nada semejante en esta vida.

Algunas de estas personas son engañadas de una manera increíble por el demonio, que incluso les enviará una especie de rocío que pretende ser el alimento celeste de los ángeles. Parece llegar suave y delicadamente de los cielos, dirigiéndose de modo maravilloso hacia su boca. Así han contraído el hábito de estar boquiabiertos como si trataran de coger moscas. No te engañes. Todo esto es una ilusión, a pesar de sus matices piadosos, pues al mismo tiempo su corazón está vacío de fervor genuino. Por el contrario, esas locas fantasías les han llenado de tal vanidad, que el demonio puede llevarles fácilmente a hacerles oír extraños ruidos, iluminaciones raras y deliciosos olores. Es un engaño lamentable.

Estas gentes, sin embargo, no ven el engaño y están convencidas de que emulan a santos como Martín, que, en una revelación, vio a Cristo entre los ángeles vestido de esplendor; o Esteban, que vio al Señor glorioso en los cielos; o los discípulos, que le estaban mirando mientras desaparecía en las nubes. Creen que, como ellos, deberíamos mantener nuestra mirada fija en los cielos. Yo estoy de acuerdo en que deberíamos levantar nuestros ojos y manos en gestos corporales de devoción según nos impulse el Espíritu. Pero insisto en que nuestra actividad contemplativa no ha de dirigirse hacia arriba o abajo, a este lado o al otro, adelante o atrás, como si fuera una máquina. Pues no es actividad de la carne sino aventura de vida interior emprendida en el Espíritu.

CAPÍTULO LVIII. Que ciertos ejemplos de san Martín y san Esteban no se han de tomar literalmente como ejemplos de elevación hacia arriba durante la oración

Con respecto a lo que algunas personas dicen sobre san Martín y san Esteban, debemos recordar que, aunque tuvieron visiones de Cristo, fueron gracias extraordinarias destinadas a confirmar una verdad espiritual. Estas personas saben muy bien que Cristo no llevó nunca la capa de san Martín -icomo si tuviera necesidad de ser protegido contra los elementos!-. No, esta manifestación fue para instrucción de aquellos de nosotros que somos llamados a la salvación como miembros del único cuerpo de Cristo. Cristo confirmaba, de esta forma simbólica, lo que ya había enseñado en el Evangelio. Allí leemos que todo aquel que viste a un pobre o lo sirve en una necesidad material, física o espiritual por amor de Jesús, ha servido de hecho a Jesús mismo y será recompensado por Él. En este ejemplo particular el Señor en su sabiduría decidió ratificar el Evangelio con un milagro y por eso se apareció a san Martín vestido con la capa que este había dado a un pobre. Toda revelación como esta hecha a los hombres en la tierra tiene un profundo significado espiritual. Y por mi parte, creo que si la persona que la recibe pudiera captar este significado profundo de manera distinta, la visión sería innecesaria. Aprendamos, pues, a ir más allá de la dura corteza y morder en lo jugoso del fruto.

¿Cómo haremos esto? Ciertamente, no como los herejes, pues son como borrachos que han apurado la copa y después la estrellan contra la pared. Mantengámonos en la verdad y evitemos esta grosera conducta. No debemos comer tanta fruta que lleguemos a aborrecer el árbol, ni hemos de beber tan desenfrenadamente que rompamos la copa cuando nos hayamos llenado. Ahora bien, el árbol y la copa representan visiones extraordinarias y otras gracias sensibles tales como los gestos de devoción que he señalado. La fruta y el vino representan el profundo significado espiritual de estas gracias. Si estos gestos están inspirados por el Espíritu, tienen sentido y son genuinos; de lo contrario, son hipócritas y falsos. Cuando son auténticos, son ricos en fruto espiritual, por eso no debemos despreciarlos. ¿No besa reverentemente la gente noble la copa por el vino que contiene?.

Por lo que respecta a la ascensión física de nuestro Señor a la vista de su madre y de sus discípulos, ¿han de entender esto los contemplativos como una invitación a estar absortos durante la oración, esperando contemplarle entronizado en su gloria o de pie en los cielos como lo vio san Esteban? Ciertamente, Él no espera que escudriñemos el cielo durante el tiempo de nuestra actividad espiritual con el fin de contemplarle de pie, sentado, echado o en cualquier otra postura. No conocemos en realidad la naturaleza de la humanidad glorificada de nuestro Señor, ni conocemos tampoco la posición que ha adoptado en el cielo. Esto es trivial, por otra parte. Lo que sabemos es que su cuerpo humano y su alma están unidos para siempre con su divinidad en la gloria. No sabemos ni necesitamos saber qué hace, sino tan sólo que se posee a sí mismo en completa libertad. Cuando en una visión se revela a sí mismo en esta o aquella postura, lo hace para poner de relieve su mensaje espiritual y no para manifestar su semblante celestial.

Voy a clarificar más esto con un ejemplo. Estar de pie es símbolo de asistencia o apoyo. Antes de la batalla, por ejemplo, un amigo dirá a otro: *Ánimo, camarada. Lucha bravamente y no decaigas de ánimo, pues yo estaré a tu lado.* Obviamente, cuando dice *yo estaré a tu lado*, no se refiere a la postura física, pues quizá caminan en un escuadrón de caballería hacia una batalla que se ha de librar a caballo. Quiere decir que él estará allí dispuesto a ayudar. De modo semejante, nuestro Señor se apareció de pie a san Esteban durante su martirio para darle ánimos. No tenía intención de darnos una lección de cómo soñar despiertos. Más bien, es como si dijera a todos los mártires en la persona de san Esteban: *¡Mira, Esteban! He rasgado el firmamento para revelarme a mí mismo como presente aquí. Has de saber que yo estoy realmente a tu lado con mi fuerza omnipotente dispuesto a ayudarte. Así, pues, mantente en tu fe y soporta animosamente el mortal asalto de los que te apedrean, pues te coronaré con la gloria por el testimonio que has dado de mi, y no sólo a ti, sino a todos aquellos que sufren por mi amor.*

Espero que entiendas ahora que estas revelaciones físicas van dirigidas a manifestar una verdad espiritual, aunque pueda quedar oculta a un observador superficial.

CAPÍTULO LIX. Que la ascensión corporal de Cristo no ha de tomarse como ejemplo para probar que los hombres han de forzar su mente hacia arriba durante la oración; que en la contemplación se ha de olvidar el tiempo, el lugar y el cuerpo

Objetas ahora que, puesto que nuestro Señor ascendió a su Padre físicamente como Dios y como hombre, la ascensión tiene también para nosotros una lección tanto física como espiritual. A esto he de contestar diciendo que en su ascensión la humanidad de nuestro Señor quedó transformada y que su cuerpo, aunque físico, era un cuerpo inmortal. Había muerto, pero en su resurrección se vistió de inmortalidad. Sabemos que nuestros cuerpos resucitarán también en gloria en el último día. Serán, pues, espiritualizados y tan ágiles como lo es ahora nuestro pensamiento. Arriba o abajo, izquierda o derecha, detrás o delante serán una y la misma cosa, como nos dicen los teólogos. Pero todavía no hemos recibido esta gloria, y por lo mismo sólo podemos subir al cielo de una manera espiritual, que no tiene nada que ver con la dirección de la que hablamos ordinariamente. Quiero que sepas claramente que los que obran espiritualmente, de modo especial los contemplativos, han de andar con cautela a la hora de interpretar lo que leen. Leemos *eleva* o *entra* o *impulso*, pero debemos darnos cuenta de que estas expresiones no se dicen en un sentido literal o físico. *Impulso* o movimiento no se refiere a un movimiento físico ni la palabra *descanso* dice relación a una postura de reposo o de inmovilidad. Pues cuando nuestro trabajo es auténtico y maduro, es totalmente espiritual, alejado tanto del movimiento como del reposo. Además, se podría efectivamente describir mejor el término *impulso* como una transformación súbita que como una moción. En cualquier caso, tratándose de esta actividad espiritual, olvídate totalmente de lo que es tiempo, localización física y materialidad. Sé cauto, por tanto, para no interpretar la ascensión en términos literales y materiales. No fuerces tu imaginación durante la oración en un loco intento de elevar tu cuerpo hacia arriba como si quisieras llegar a la luna. En la esfera del espíritu todo esto carece de sentido. Por lo que se refiere a la realidad física de la ascensión, recuerda que sólo Cristo ascendió físicamente, como lo atestiguan las Escrituras cuando dicen: *Nadie ha subido al cielo, sino el que ha bajado del cielo: el Hijo del Hombre.* Así, pues, aún cuando nos fuera posible ahora subir al cielo físicamente (que no lo es), la causa sería una sobreabundancia de poder espiritual y no el esfuerzo de la imaginación hacia arriba o hacia abajo, a la izquierda o a la derecha. Es inútil y harás bien en evitar este error.

CAPÍTULO LX. Que el camino más suave y más seguro del cielo se mide por los deseos y no por los kilómetros

Quizá la ascensión de Cristo sigue siendo para tí una piedra de escándalo. Él ascendió físicamente en presencia de todos sus discípulos y envió al Espíritu Santo como había prometido. Todo lo cual te hace creer que durante la oración has de dirigir literalmente tu mente hacia arriba. De hecho, creemos que Cristo en su humanidad resucitada subió a su Padre, pero me vas a permitir que intente explicarte una vez más por qué este hecho no se ha de reconstruir en un sentido literal. Me explicaré lo más sencillamente que pueda aún cuando mi explicación no sea del todo adecuada. Si, Cristo ascendió a los cielos y desde lo alto envió al Espíritu Santo, pero subió arriba porque esto era más adecuado que descender o dirigirse a la izquierda o a la derecha. Aparte del alto valor simbólico de dirigirse hacia arriba, la dirección de este movimiento, sin embargo, es totalmente accidental a la realidad espiritual. Pues en el reino del espíritu, el cielo está tan cerca de arriba como de abajo, de detrás como de delante, de la izquierda como de la derecha. El acceso al cielo se hace a través del deseo. El que desea estar en él, realmente está allí en espíritu. La senda que lleva al cielo se mide por el deseo y no por los kilómetros. Por esta razón san Pablo dice en una de sus cartas: *Para nosotros nuestra patria está en el cielo.* Otros santos han dicho sustancialmente lo mismo, pero de diferentes maneras. Quieren decir que el amor y el deseo constituyen la vida del espíritu. Y el espíritu mora donde mora su amor, tan ciertamente como mora en el cuerpo al que llena de vida. ¿Entiendes mejor ahora? No necesitamos tensar nuestro espíritu en todas las direcciones para llegar al cielo, pues ya vivimos en él por el amor y el deseo.

CAPÍTULO LXI. Que en el recto orden de la naturaleza la carne está sujeta al espíritu y no viceversa

A la vez, cuando arrastrados por el Espíritu levantamos nuestros ojos y nuestras manos hacia los cielos donde brillan las estrellas, alabamos a Dios en un hermoso gesto de devoción. Si el Espíritu Santo inspira en nosotros tal plegaria, debemos seguirle. Pero, por otra parte, no debemos preocuparnos del gesto, porque todo gesto físico ha de sujetarse al espíritu y no viceversa. La ascensión de nuestro Señor lo pone de manifiesto. En su divinidad, Jesús nunca estuvo (ni pudo estar) separado de Dios. Pero cuando, estando en la tierra, le llegó la hora prevista de volver al Padre, retornó al Padre corporalmente en su humanidad. Sí, revestido de poder y de la fuerza del Espíritu, Él, como una sola persona, volvió al Padre en su humanidad. Este misterio quedó expresado de la manera más adecuada por su ascensión hacia arriba. De una forma similar, aunque menos completa, han de experimentar la verdadera relación de la materia con el espíritu aquellos que generosamente se entregan a la obra interior del amor que hemos descrito en este libro. Aún cuando el contemplativo no se dé cuenta de ello de una manera consciente, su cuerpo quedará influenciado por la disposición de su espíritu. Pues cuando se recoge para comenzar esta actividad, su cuerpo, que quizá estuvo postrado en una postura indolente, se recoge súbitamente en una postura de atención y alerta. La alerta interior de su espíritu afecta a la disposición exterior de su cuerpo, y con qué precisión. Es propio de la dignidad del hombre estar erecto, su rostro vuelto hacia las estrellas y no hacia la tierra como las bestias, pues es la más excelsa de las obras de Dios. La nobleza de su destino espiritual, que le llama a llegar espiritualmente hacia Dios, se refleja en el porte y dignidad de su postura erecta. Pero, fíjate bien. Dije que llega *espiritualmente* a Dios, no físicamente. Pues ¿puede un espíritu no material ser dirigido de acá para allá como algo físico? De ninguna manera.

Sé, por tanto, prudente para no interpretar lo espiritual en términos materiales. Es necesario usar palabras como *arriba, abajo, adentro, fuera, detrás, delante, izquierda* y *derecha*. Pues por espiritual que pueda ser nuestro tema, nosotros somos hombres y debemos apoyarnos en el vocabulario del lenguaje humano ordinario para comunicarnos. El lenguaje pertenece al reino de la materia porque nuestras palabras derivan de la experiencia humana y se pronuncian con la lengua física. ¿Significa esto, sin embargo, que hayan de entenderse en un sentido literal? Por supuesto que no. Como seres humanos, podemos ir más allá de su significación inmediata y captar el significado espiritual que comportan a otro nivel.

CAPÍTULO LXII. De cómo el hombre puede saber cuándo su actividad espiritual está por debajo y fuera de él, a su mismo nivel y dentro de él, y cuándo está por encima de él, pero debajo de Dios

Pienso que te resultaría más fácil detectar el significado espiritual que está detrás de las expresiones ordinarias, si te explicara algunos términos comúnmente usados en relación a la actividad contemplativa. Esto te puede dar más seguridad a la hora de discernir con precisión cuándo tratas con cosas exteriores y por debajo de ti mismo, cuándo con cosas interiores e iguales a ti, y finalmente cuándo son las que te trascienden, aunque estén por debajo de Dios. Por debajo de ti y exterior a ti se extiende todo el universo creado. Sí, incluso el sol, la luna y las estrellas. Ellas están situadas por encima de tí resplandeciendo en el firmamento; sin embargo, no se pueden comparar con tu excelsa dignidad de ser humano. Los ángeles y las almas de los justos son superiores a tí, por cuanto están confirmados en gracia y revestidos gloriosamente de toda clase de virtudes, pero son iguales en naturaleza como criaturas inteligentes. Por naturaleza estás adornado de tres maravillosas facultades espirituales: memoria, razón y voluntad, y de dos facultades secundarias: imaginación y percepción sensorial. No hay nada por encima de tí en la naturaleza a excepción de Dios.

Cuando leas libros sobre la vida interior y encuentres alusiones a ti mismo, has de saber que quieren expresar tu yo total como ser humano de dignidad espiritual y no simplemente tu cuerpo físico. Como hombre, estás relacionado con todo lo que existe en la creación por medio de tus facultades. Si llegas a entender todo esto relativo a la jerarquía de la creación y a tu propia naturaleza y tu lugar en ella, tendrás algunos criterios para valorar la importancia de cada una de tus relaciones.

CAPÍTULO LXIII. De las facultades del espíritu en general; cómo la memoria, como facultad principal, abarca en sí misma todas las demás facultades y sus obras

La razón, la voluntad, la imaginación y la percepción sensorial son las potencias con las que el hombre opera para elaborar los datos de la realidad. La memoria es la facultad comprensiva que recibe, selecciona y retiene el conocimiento adquirido a través de las otras cuatro facultades. Puesto que la naturaleza de la función de la memoria es tan diferente de la de las otras facultades, no podemos decir propiamente que opera, en sentido activo, sino que más bien entiende en una actitud propiamente receptiva.

A unas facultades del hombre las llamo primarias y a otras secundarias, no porque el espíritu del hombre sea divisible, sino porque los datos que elaboran se pueden dividir en dos categorías principales. La primera incluye todos los datos relativos al espíritu, y la llamo primaria; la segunda incluye todo lo relativo a la materia, y la considero secundaria. Cuando las dos facultades principales, razón y voluntad, tratan directamente las cosas espirituales, pueden funcionar independientemente de la imaginación y de la percepción sensorial.

La imaginación y la percepción sensorial operan con lo material, tanto presente como ausente. Residen en el cuerpo y funcionan a través de los cinco sentidos del cuerpo. Pero mientras la razón y la voluntad funcionan de una manera autónoma, la imaginación y la percepción sensorial requieren la asistencia de la razón y de la voluntad a fin de poder captar incluso las cosas materiales en su totalidad. La esencia, las causas, las propiedades y diferencias de las cosas materiales son inaccesibles a la imaginación y a la percepción sensorial sin la ayuda de las facultades primarias.

Resumiendo, pues, la razón y la voluntad se llaman primarias, porque no son materiales y pueden funcionar independientemente de las otras facultades dentro de la esfera de lo espiritual. La imaginación y la percepción sensorial se llaman secundarias, porque operan con las cosas materiales y actúan en el cuerpo a través de los cinco sentidos. La memoria es una facultad primaria porque, si bien no opera directamente con los datos de la realidad, abarca en sí misma las otras cuatro facultades, juntamente con el conocimiento que estas adquieren. Explicaré esto más detenidamente.

CAPÍTULO LXIV. De las otras dos facultades principales, la razón y la voluntad; cómo funcionaban antes del pecado original

La razón es la facultad que nos permite distinguir lo bueno de lo malo, lo bueno de lo mejor y lo mejor de lo buenísimo. O, según los casos, lo bueno de lo malo, lo malo de lo peor y lo peor de lo malísimo. Antes de pecar, el hombre hacía esto de una manera natural y fácil, pero ahora la razón, cegada a consecuencia del pecado original, yerra a menos que esté iluminada por la gracia. La memoria abarca tanto la razón como su objeto.

Después de que la razón ha determinado lo que es bueno, la voluntad se dirige hacia ello con amor y deseo y descansa finalmente en ello con satisfacción, deleite y pleno consentimiento. Antes del pecado original, el hombre no se encontraba en peligro de elegir y de amar un falso bien, ya que en su integridad original experimentaba cada cosa como realmente era. Ninguna de sus facultades estaba perturbada y no era propenso a ser engañado por ninguna de ellas. Pero en el presente orden de cosas, el hombre no puede elegir el bien de una manera firme sin la asistencia de la gracia. El pecado original le dejó herido y ciego, de manera que es fácilmente engañado por las apariencias y llevado a elegir un mal disfrazado de bien. La memoria abarca, asimismo, la voluntad y su objeto.

CAPÍTULO LXV. De la primera facultad secundaria, la imaginación; cómo funciona y cómo la ha dañado el pecado original

Con la facultad de la imaginación reproducimos para nosotros la imagen de las cosas presentes o ausentes. La imaginación y todas las imágenes que reproduce se hallan contenidas en la memoria. Antes del pecado original, la imaginación cooperaba totalmente con la razón. Como una criada, reflejaba fielmente cada imagen de acuerdo con la realidad, y así la razón nunca era engañada en sus juicios por una imagen deformada de cualquier cosa, fuera material o espiritual. Ahora, sin embargo, esta integridad de nuestra naturaleza se ha perdido, y la imaginación no cesa día y noche de deformar la imagen de las criaturas materiales, de tergiversar su esencia espiritual o de engendrar en nuestra memoria fantasmas de cosas espirituales. Sin la ayuda de la gracia corremos el peligro de tener grandes errores de percepción, produciéndose así muchas deformaciones de la realidad.

La naturaleza indisciplinada de la imaginación es evidente en la experiencia de los neófitos que acaban de dejar el mundo y que están en el comienzo de la vida contemplativa. No sin gran dificultad apartan su alma de millares de pensamientos e imágenes placenteras, o de fantasías en torno a su pasado que la imaginación desbocada proyecta continuamente sobre la pantalla de su alma. Esta habitual actividad indisciplinada de la imaginación es una de las consecuencias dolorosas del pecado original. A medida que estos neófitos progresan en las prácticas de la vida contemplativa, meditando fielmente en su humana fragilidad, en la Pasión de Cristo, su bondad trascendente y en las demás verdades de la vida interior, la razón va gradualmente sanando, recuperando su justo predominio sobre la imaginación.

CAPÍTULO LXVI. De la otra facultad secundaria, la percepción sensorial; cómo funciona y cómo ha sido dañada por el pecado original

La percepción sensorial es la facultad de nuestra alma que se vale de los sentidos y es dueña de ellos. Esta facultad es una bendición para nosotros porque nos permite conocer y experimentar todas las criaturas materiales y determinar si son buenas o no para nosotros. La percepción sensorial incluye tanto los sentidos externos como los internos. Los sentidos externos atienden a la satisfacción de nuestras necesidades físicas, y los internos sirven a la inteligencia. Es la facultad que se rebela cuando el cuerpo experimenta alguna necesidad y la que nos puede mover también a excedernos en la satisfacción de cualquier necesidad. Refunfuña ante la privación del placer y cuando se le inflige un dolor, alegrándose vivamente cuando se le quita el dolor y se le devuelve el placer. La memoria abarca también la facultad de la percepción sensorial y todo lo que experimenta.

Así como la imaginación es la criada de la razón, la percepción sensorial es la esclava de la voluntad. Antes de que el hombre pecara, era una esclava perfecta, puesto que cualquier deleite o dolor suyo estaba en perfecta consonancia con la realidad. No comunicaba a la voluntad ninguna sensación desordenada acerca de criatura alguna material, ni el demonio despertaba experiencia espiritual engañosa en los sentidos internos.

Pero ya no es así. Debido al pecado original, experimenta dolor cuando se ve privada de placeres desordenados, por los que suspira ciegamente, y cuando se ve sometida a una disciplina saludable, que rechaza. La gracia ha de fortalecer la voluntad para que acepte humildemente su parte en las consecuencias del pecado original, manteniendo a raya la percepción sensorial para que no se exceda en los placeres legítimos y adquiera el gusto por una disciplina saludable. Sin la gracia, la percepción sensorial se entregaría caprichosamente a los placeres de la vida y de la carne degradando al hombre hasta convertirlo más en una bestia que en un ser humano, que tiene un destino espiritual.

CAPÍTULO XLVII. La ignorancia respecto al funcionamiento de las potencias del alma puede llevar fácilmente a error y a entender mal la instrucción sobre la contemplación; de cómo la persona se hace casi divina por la gracia

Mi querido amigo en Dios, fíjate a qué riesgos nos vemos expuestos por el pecado original. ¿Ha de extrañarnos el que estemos ciegos y engañados a la hora de interpretar el significado espiritual de ciertas expresiones, especialmente si somos tan ignorantes de nuestras propias facultades y de su funcionamiento? Has de darte cuenta de que siempre que estás ocupado en cosas materiales, por buenas que sean en sí mismas, estás ocupado en algo que es exterior a tí y que está por debajo de tí en el orden de la creación. Otras veces estarás absorto en introspección en el ámbito más sutil de tu conciencia, pues a medida que crezcas en el conocimiento propio y en la humana perfección, tus facultades espirituales se dirigirán hacia tu desarrollo espiritual, los buenos hábitos que vas adquiriendo, los malos que vas dominando y tus relaciones con los demás. En tales momentos estás ocupado en algo que es interior a tí mismo y que está a tu mismo nivel de hombre. Pero habrá veces también en que tu alma se vea libre de toda ocupación en algo material o espiritual y totalmente absorta en el ser de Dios mismo. Esta es la actividad contemplativa que he venido describiendo en este libro. En esos momentos te trasciendes a tí mismo, haciéndote casi divino, si bien permaneciendo por debajo de Dios.

Digo que te trasciendes a tí mismo, haciéndote casi divino, porque has conseguido por la gracia lo que te es imposible por naturaleza, ya que esta unión con Dios en espíritu, en amor y en la unidad de deseo es el don de la gracia. Casi divino; si, tú y Dios sois tan uno que tú (y todo verdadero contemplativo) puedes ser llamado divino en un sentido verdadero. De hecho, las Escrituras nos dicen esto. Naturalmente, tú no eres divino en el mismo sentido en que lo es Dios; pues Él sin principio ni fin, es divino por naturaleza. Tú, en cambio viniste al ser desde la nada y en un determinado momento en el tiempo. Además, después que Dios te creó con el inmenso poder de su amor, tú te hiciste menos que nada por el pecado. Por el pecado no merecías nada, pero el Dios de toda misericordia te recreó amorosamente en gracia, haciéndote, como si dijéramos, divino y uno con Él en el tiempo y en la eternidad. Pero, aunque eres verdaderamente uno con Él por gracia, sigues siendo menor que Él por naturaleza. Mi querido amigo, ¿comprendes todo lo que estoy diciendo.? Todo aquel que desconoce sus propias facultades espirituales y su funcionamiento es propenso a tergiversar las palabras usadas en sentido espiritual. ¿Ves ahora más claramente por que no me atrevía a decirte: *Muestra tu deseo a Dios*? Te enseñé, por el contrario, a usar tu ingenuidad y a ocultarlo alegremente. Temía que llegaras a interpretar literalmente lo que había querido expresar espiritualmente.

CAPÍTULO LXVIII. Que no estar en ninguna parte físicamente significa estar en todas espiritualmente; que nuestro yo superficial puede ridiculizar la contemplación como una pérdida de tiempo

A lo mejor otro te diría que has de replegar tus facultades y sentidos dentro de tí mismo para allí dar culto a Dios. Diría bien, esto es cierto, y ninguna persona sensata podría negarlo. Sin embargo, por miedo a un posible engaño y a que puedas interpretar literalmente lo que digo, yo no quiero expresar la vida interior de esta manera. Me expresaré más bien en paradojas. No trates de replegarte dentro de ti mismo, pues, para decirlo de un modo simple, no quiero que estés en ninguna parte; no, ni fuera, ni arriba, ni detrás o al lado de ti mismo.

Pero a esto dices: *¿Dónde he de estar entonces? Según dices, ¡no he de estar en ninguna parte!*. Exacto. De hecho, lo has expresado bastante bien, pues efectivamente quisiera que no estuvieras en ninguna parte. ¿Por qué? Porque no estar en ninguna parte físicamente equivale a estar en todas partes espiritualmente. Procura entender esto claramente: tu actividad espiritual no está localizada en ningún lugar particular. Pero cuando tu mente se centra conscientemente en algo, tú estás en ese lugar espiritualmente, de la misma manera que tu cuerpo está localizado ahora en un lugar determinado. Tus sentidos y facultades quedarán frustrados por falta de algo donde agarrarse y te increparán por no hacer nada. Pero no te preocupes. Sigue con esta nada, movido solamente por tu amor hacia Dios. No lo dejes nunca, persevera firme y fijamente en esta nada, ansiando vivamente poseer siempre a Dios por amor, a quien nadie puede poseer por conocimiento. En cuanto a mí, prefiero perderme en esta falta de lugar, debatiéndome con esta ciega nada, antes que ser un gran señor que viaja por todas partes y disfruta del mundo como si fuera dueño de él. Olvídate de este modo de estar en todas partes y de todo el mundo. Su riqueza palidece junto a esta bendita nada y falta de lugar. No te inquietes si tus facultades no pueden captarla. En realidad, así debe ser, ya que esta nada es tan sutil que los sentidos no pueden alcanzarla. No puede explicarse, tan sólo experimentarse.

A los que acaban de encontrarla les puede parecer muy oscura e inescrutable. Pero, en realidad, están cegados por el esplendor de su luz espiritual más que por cualquier oscuridad ordinaria. ¿Quién crees que se mofa de ella como de una vaciedad? Nuestro yo superficial, naturalmente. No nuestro verdadero yo; no, nuestro verdadero e íntimo yo la aprecia como una totalidad por encima de toda medida. Pues en esta oscuridad experimentamos una comprensión intuitiva de todo lo material y espiritual sin prestar atención alguna especial a nada en particular.

CAPÍTULO LXIX. De cómo el amor del hombre queda maravillosamente transformado en la experiencia interior de esta nada y de esta falta de lugar

Cuán maravillosamente se transforma el amor del hombre por la experiencia interior de esta nada y de esta falta de lugar. La primera vez que la contempla surgen ante él los pecados de toda su vida. No queda oculto ningún mal pensamiento, palabra u obra. Misteriosa y oscuramente han quedado marcados a fuego dentro de ella. A cualquier parte que se vuelva le acosan hasta que, después de gran esfuerzo, doloroso remordimiento y muchas lágrimas amargas los borra profundamente.

A veces la visión es tan terrible como el resplandor fugaz del infierno y se siente tentado a desesperar de verse curado y aliviado alguna vez de su penosa carga. Muchos llegan a esta coyuntura de la vida interior, pero la terrible agonía y falta de consuelo que experimentan al enfrentarse consigo mismos les lleva a pensar de nuevo en los placeres mundanos. Buscan alivio en cosas de la carne, incapaces de soportar el vacío espiritual interior. Pero no han entendido que no estaban preparados para el gozo espiritual que les habría sobrevenido si hubieran esperado.

El que con paciencia mora en esta oscuridad será confortado y sentirá de nuevo confianza en su destino, ya que gradualmente verá curados por la gracia sus pecados pasados. El dolor continúa, pero sabe que terminará, pues ya va siendo menos intenso. Poco a poco comienza a darse cuenta de que el sufrimiento que padece no es realmente el infierno, sino su propio purgatorio. Vendrá un tiempo en que no reconozca en esa nada pecado particular alguno sino tan sólo el pecado como un algo oscuro, y esa masa informe no es otra cosa que él mismo. Ve que en él está la raíz y las consecuencias del pecado original. Cuando en otras ocasiones comience a sentir un maravilloso fortalecimiento y unos deleites inefables de alegría y de bienestar, se preguntará si esta nada no es, después de todo, un paraíso celestial. Vendrá, por fin, un momento en que experimente tal paz y reposo en esa oscuridad que llegue a pensar que debe ser Dios mismo.

Pero aunque piense que esta nada es esto o lo otro, seguirá siendo siempre una nube del no-saber entre él y su Dios.

CAPÍTULO LXX. Que así como comenzamos a entender lo espiritual allí donde termina el conocimiento del sentido, de la misma manera llegamos mucho más

fácilmente a la altísima comprensión de Dios, posible en esta vida con ayuda de la gracia, donde termina nuestro conocimiento espiritual

Persevera, pues, penetrando en esta nada que no está en ninguna parte, y no trates de emplear los sentidos de tu cuerpo ni sus percepciones. Repito, no están adaptados a esta obra. Tus ojos están destinados a ver las cosas materiales de tamaño, forma, color y posición. Tus oídos funcionan ante el estimulo de las ondas sonoras. Tu nariz está modelada para distinguir entre los buenos y malos olores, y tu gusto para distinguir lo dulce de lo agrio, lo salado de lo fresco, lo agradable de lo amargo. Tu sentido del tacto te indica lo que es caliente o frío, duro o blando, suave o áspero. Pero, como tú sabes, ni la cualidad ni la cantidad son propiedades que pertenezcan a Dios ni a nada espiritual. Por tanto, no trates de usar tus sentidos internos o externos para captar lo espiritual. Los que se disponen a trabajar en el espíritu pensando que pueden ver, oír, gustar y sentir lo espiritual, interior o exteriormente, se engañan grandemente y violan el orden natural de las cosas. La naturaleza destinó los sentidos a adquirir el conocimiento del mundo material, no a entender las realidades íntimas del espíritu. Lo que quiero decir es que el hombre conoce las cosas del espíritu más por lo que no son que por lo que son. Cuando en la lectura o conversación topamos con cosas que nuestras facultades naturales no pueden escudriñar, podemos estar seguros de que son realidades espirituales.

Nuestras facultades espirituales, por otra parte, están igualmente limitadas en relación al conocimiento de Dios tal como es. Pues, por mucho que el hombre pueda saber sobre todas las cosas espirituales creadas, su entendimiento nunca podrá comprender la verdad espiritual increada que es Dios. Pero hay un conocimiento negativo que sí entiende a Dios. Procede afirmando de todo lo que conoce: esto no es Dios, hasta que finalmente llega a un punto en que el conocimiento se agota. Tal es la postura de san Dionisio, que dijo: *El conocimiento más divino de Dios es el que conoce por el no-conocer.*

Quien lea el libro de Dionisio verá confirmado en él todo lo que he venido tratando de enseñar en este libro desde el principio hasta el final. A excepción de esta única frase no quiero citarle más a él ni a ningún otro maestro de la vida interior sobre esta materia. Hubo un tiempo en que era considerado como modestia el no decir nada de tu propia cosecha sin confirmarlo con textos de la Escritura o de otros maestros conocidos. Hoy en cambio, esta clase de cosas se considera una moda vana en los engreídos círculos intelectuales. Por mi parte, no quisiera molestarte con todo esto, ya que no lo necesitas para nada.

El que tenga oídos para oír, que me oiga, y el que se sienta movido a creerme, que acepte con sencillez lo que digo por el valor que en sí tiene, pues en realidad no cabe otra posibilidad.

CAPÍTULO LXI. Que algunas personas experimentan la perfección de la contemplación en raros momentos de éxtasis, llamados raptos, mientras que otras lo experimentan cuando están en medio de su trabajo rutinario de cada día

Algunos creen que la contemplación es una experiencia tan difícil y tan terrible que ningún hombre puede lograrla sin una gran lucha y que sólo raras veces se goza de ella en los momentos de éxtasis llamados raptos. Contestaré a estas personas lo mejor que pueda.

La verdad es que Dios, en su sabiduría, determina el curso y el carácter de la dirección contemplativa de cada uno, según los talentos y los dones que le ha dado. Es cierto que algunas personas no llegan a la contemplación sin pasar por un largo y difícil proceso espiritual, y aun entonces sólo raras veces conocen su perfección en la delicia del éxtasis llamado rapto. Hay otros, sin embargo, tan transformados espiritualmente por la gracia, que han llegado a una intimidad tan grande con Dios en la oración, que parecen poder estar en profundo abismamiento, o volver a él cuando quieren, aun en medio de su rutina diaria, ya estén sentados, de pie, caminando o de rodillas. Se las arreglan para mantener el pleno control y uso de sus facultades físicas y espirituales en todo momento, no sin alguna dificultad quizá, pero no mucha. En Moisés tenemos un tipo de contemplativo de la primera clase, y en Aarón un tipo de la segunda. El Arca de la Alianza representa la gracia de la contemplación, y los hombres cuya vida estuvo más vinculada al Arca (como refiere la historia) representan a los llamados a la contemplación. Hablando con más propiedad, el Arca simboliza los dones de la contemplación, pues así como el Arca contenía todas las joyas y tesoros del templo, de la misma manera este pequeño amor dirigido hacia Dios en la nube del no-saber contiene todas las virtudes del espíritu humano, que, como sabemos, es el templo de Dios.

Antes de que le fuera dado contemplar el Arca y recibiera su diseño, Moisés tuvo que subir el largo y penoso sendero de la montaña y morar en ella rodeado por una oscura nube durante seis días. Al séptimo día, el Señor le mostró el diseño para la construcción del Arca. Moisés perseveró en esta dura tarea, y en la tardía iluminación que finalmente recibió podemos ver el modelo de los que parecen tener que sufrir mucho antes de llegar a las cimas de la contemplación y sólo raras veces pueden disfrutarla en plenitud.

Lo que Moisés ganó con tanto esfuerzo y disfrutó tan raras veces, lo consiguió Aarón al parecer con poco trabajo. Pues su oficio de sacerdote le permitía entrar en el *Sancta Sanctorum* y contemplar el Arca tantas veces como quería. Aarón, pues, representa a las personas que he mencionado arriba y que por su sabiduría espiritual y la asistencia de la gracia divina gozan del fruto perfecto de la contemplación tantas veces como quieren.

CAPÍTULO LXXII. Que un contemplativo no debe tomar su propia experiencia como criterio para otros contemplativos

Es importante comprender que en la vida interior no debemos tomar nunca nuestras propias experiencias (o la falta de ellas) como norma para otro cualquiera. Quien trabajó duro para llegar a la contemplación y después raras veces goza de la perfección de esta obra, fácilmente puede llevarse a engaño al hablar, pensar o juzgar a otras personas en base a su propia experiencia. En el mismo sentido, el hombre que con frecuencia experimenta las delicias de la contemplación -al parecer, casi siempre que quiere- puede errar si mide a los otros por sí mismo. No pierdas el tiempo en estas comparaciones. Pues, quizá por un sabio designio de Dios, puede ser que si bien al principio lucharon larga y difícilmente en la oración y sólo gustaron sus frutos ocasionalmente, puedan experimentarlos después siempre que quieran y en gran abundancia. Así sucedió a Moisés. Al principio sólo se le concedió contemplar el Arca alguna que otra vez y no sin haber luchado duro en la montaña, pero después, cuando se instaló en el valle, pudo gozar de ella a placer.

CAPÍTULO LXXIII. Que el Arca de la Alianza es figura de la contemplación; que Moisés, Besalel y Aarón y su comunicación con el Arca representan tres caminos de contemplación

Como narran las Escrituras, hubo tres hombres muy vinculados al Arca: Moisés, Besalel y Aarón. En la montaña, Moisés aprendió de Dios cómo había de ser construida. Sirviéndose del proyecto que Moisés había recibido de Dios, Besalel la construyó en el valle. Y Aarón cuidó de ella en el templo, viéndola y tocándola cuantas veces quiso.

Estos tres hombres ilustran los tres caminos por los que la gracia nos puede llevar a la contemplación. A veces, como Moisés, debemos ascender a la montaña y luchar sólo con la ayuda de la gracia, antes de llegar a la contemplación, para después, como él, disfrutar sus frutos, si bien raras veces. (Quiero, sin embargo, en este contexto dejar claro que la revelación personal de Dios a Moisés fue un don y no la recompensa a su esfuerzo). Nuestro progreso en la contemplación puede también realizarse por nuestra propia penetración espiritual ayudada de la gracia; entonces somos Besalel, que no pudo contemplar el Arca hasta que hubo trabajado para modelarla con sus propios esfuerzos, si bien ayudado por el diseño dado a Moisés en la montaña. Hay otras veces, por fin, en que la gracia nos arrastra, sirviéndose como instrumento de las palabras de otros. Entonces somos como Aarón, a quien se le confió el cuidado del Arca que Besalel modeló y preparó con la habilidad de sus manos.

Mi querido jóven amigo, ¿te das cuenta de lo que trato de decir? Aunque lo he expresado de una manera infantil y torpe y aunque soy un pobre e indigno maestro, te propongo el oficio de Besalel al explicar y poner en tus manos, como si dijéramos, esta arca espiritual. Pero tú puedes superar con creces mi rudo trabajo si quieres ser Aarón entregándote continuamente a la contemplación por los dos. Te pido que lo hagas por amor de Dios todopoderoso. Él nos ha llamado a los dos a esta obra, pero te pido, por el amor de Dios, que suplas con tu ardor lo que me falta a mi.

CAPÍTULO LXXIV. Que todo aquel que está llamado a la contemplación podrá reconocer algo afin a su espíritu al leer este libro y que sólo a esta persona se le debiera permitir leerlo o escucharlo; se repiten las observaciones del prólogo

Si el tipo de oración que he descrito en este libro te parece inadecuado para ti espiritual o temperamentalmente, siéntete perfectamente libre para dejarlo, y confiadamente y con la ayuda de un sabio consejero busca otro. En tal caso confío en que me excusarás por cuanto llevo escrito aquí. Con toda verdad he escrito solamente llevado de mi simple entender de estas cosas y sin otra intención que ayudarte. Por eso, vuélvelo a leer dos o tres veces. Cuanto más lo leas, mejor; pues tanto mejor captarás su sentido. Partes que parecen difíciles y oscuras en una primera lectura, quizá aparezcan obvias y claras en una segunda. Mi opinión es que todo aquel a quien la gracia ha llevado a la contemplación no puede leer este libro (o escuchar su lectura) sin sentir que habla de algo afín a su propio espíritu. Si tú lo sientes así y lo encuentras provechoso, da gracias a Dios de todo corazón y por su amor ruega por mi.

Espero sinceramente que harás esto. Pero te pido con insistencia, por amor de Dios, que no compartas este libro con nadie más, a menos que estés convencido de que es una persona que lo ha de entender y apreciar. Lee de nuevo el capítulo en que describo el tipo de persona que debe comenzar la obra de contemplación y sabrás a qué clase de persona me refiero. Y si lo compartes con otro, insiste, por favor, en la importancia de leerlo del principio al fin. Hay partes, sin duda, que no se comprenden por sí solas sino que requieren la clarificación y la explicación de otras. Si una persona lee solamente una sección y deja las que la completan, puede fácilmente caer en error. Haz, pues, lo que te pido. Y si crees que algunas partes necesitan una mayor clarificación, hazme saber las que son y lo que piensas de ellas, y yo las revisaré lo mejor que pueda, según mi simple conocimiento de estas cosas.

No quiero que se apoderen de este libro chismes mundanos, ni halagadores ni esa clase de personas que en todo encuentran reparos, tampoco alcahuetes y entrometidos o simplemente curiosos, educados o no. Nunca me propuse escribir para esta clase de personas ni quiero siquiera que oigan hablar de él. No dudo que algunas de ellas sean personas buenas, incluso quizá muy entregadas en la vida activa, pero este libro no responde a sus necesidades.

CAPÍTULO XLLV. De ciertos signos por los que el hombre puede saber si Dios le llama o no a la contemplación

Querría dejar claro que no todo el que lea este libro (u oyera su lectura) y lo encuentre interesante, está ya llamado a la contemplación. La excitación interior que siente quizá no sea tanto la atracción de la gracia como el despertar de una curiosidad natural. Te daré algunos signos para ayudarte a examinar esta atracción y discernir su causa verdadera.

En primer lugar, examínese el hombre a sí mismo y vea si ha hecho todo lo que está en su poder para purificar su conciencia de pecado deliberado según los preceptos de la santa Iglesia y el consejo de su padre espiritual. Si está satisfecho de su labor, todo va bien. Pero, para estar más seguro, examine si le atrae más la simple oración contemplativa que cualquier otra devoción espiritual. Y entonces, si su conciencia no le deja en paz en ninguna obra, tanto exterior como interior, hasta que hace de este secreto y pequeño amor dirigido a la nube del no-saber su principal preocupación, es señal de que Dios le llama a esta actividad. Pero si faltan estos signos, te aseguro que no llama. No digo que todos los llamados a la contemplación vayan a sentir el impulso del amor de una forma continua y permanente desde el principio, pues no es este el caso. De hecho, el jóven aprendiz de contemplativo puede dejar de experimentarlo completamente por diversas razones. A veces Dios puede quitarlo con el fin de que no comience a presumir de que es cosa suya, o que lo puede controlar a voluntad. Semejante presunción es orgullo. Siempre que se retira la sensación de la gracia, la causa es el orgullo. Pero no necesariamente porque uno haya cedido al orgullo, sino porque si esta gracia no se retirara de cuando en cuando, el orgullo echaría ciertamente raíces. Dios en su misericordia protege al contemplativo en este camino, aunque algunos neófitos insensatos lleguen a pensar que se ha convertido en su enemigo. No aciertan a ver cuán verdadera es su amistad. Otras veces Dios puede retirar su don cuando el jóven aprendiz avanza despreocupado y comienza a considerarlo como algo natural. Si esto sucede, se verá muy probablemente abrumado por amargas congojas y remordimientos. Pero ocasionalmente nuestro Señor puede diferir su devolución, de manera que habiendo sido perdido y encontrado de nuevo pueda ser más hondamente apreciado.

Uno de los signos más claros y ciertos por los que una persona puede saber si ha sido llamada a esta actividad es la actitud que detecta en sí cuando ha vuelto a encontrar el don perdido de la gracia. Pues, si después de una larga demora e incapacidad para ejercer esta actividad, siente que su deseo hacia ella se renueva con mayor pasión y un anhelo más profundo de amor –tanto más si (como pienso a menudo) el dolor que sintió por su pérdida le parece como nada al lado de su alegría por haberlo encontrado de nuevo-, no tema equivocarse al creer que Dios le llama a la contemplación, sin tener en cuenta la clase de persona que es ahora o ha sido en el pasado. Dios no ve con sus ojos misericordiosos lo que eres ni lo que has sido, sino lo que deseas ser. San Gregorio declara que *"todos los santos deseos se elevan en intensidad con la demora de su cumplimiento, y el deseo que se desvanece con la demora nunca fue santo."* Pues si un hombre experimenta cada vez menos alegría cuando descubre nuevamente la súbita presencia de los grandes deseos que había abrigado anteriormente, esto es señal de que su primer deseo no era santo. Sintió posiblemente una tendencia natural hacia el bien, pero esta no ha de confundirse con el deseo santo. San Agustín explica lo que quiero decir con deseo santo, cuando afirma que *"la vida entera de un buen cristiano no es nada menos que un santo deseo"*. Mi querido amigo, me despido de tí con la bendición de Dios y la mía. Que Dios te dé a tí y a todos los que le aman paz verdadera, sabio consejo y su propia alegría interior en la plenitud de la gracia. **Amén.**

Manufactured by Amazon.ca
Acheson, AB

13699528R00051